Lehr- und Handbücher der Betriebswirtschaftslehre

Herausgegeben von
Universitätsprofessor Dr. habil. Hans Corsten

Lieferbare Titel:

Betsch · Groh · Schmidt, Gründungs- und Wachstumsfinanzierung innovativer Unternehmen

Bieg · Kußmaul, Externes Rechnungswesen, 4. Auflage

Corsten (Hrsg.), Lexikon der Betriebswirtschaftslehre, 4. Auflage

Corsten, Projektmanagement

Corsten, Produktionswirtschaft, 11. Auflage

Corsten, Übungsbuch zur Produktionswirtschaft, 3. Auflage

Corsten · Gössinger, Einführung in das Supply Chain Management, 2. Auflage

Corsten · Gössinger, Dienstleistungsmanagement, 5. Auflage

Corsten · Reiß (Hrsg.), Betriebswirtschaftslehre, Band 1, 4. Auflage

Corsten · Reiß (Hrsg.), Betriebswirtschaftslehre, Band 2, 4. Auflage

Friedl, Kostenrechnung

Friedl · Göthlich · Himme, Kostenrechnung, Übungen und Fallstudien

Jokisch · Mayer, Grundlagen finanzwirtschaftlicher Entscheidungen

Klandt, Gründungsmanagement, 2. Auflage

Kußmaul, Betriebswirtschaftliche Steuerlehre, 5. Auflage

Kußmaul, Betriebswirtschaftslehre für Existenzgründer, 6. Auflage

Matschke · Hering, Kommunale Finanzierung

Matschke · Olbrich, Internationale und Außenhandelsfinanzierung

Nebl, Produktionswirtschaft, 6. Auflage

Nebl · Schröder, Übungsaufgaben zur Produktionswirtschaft, 2. Auflage

Nebl · Prüß, Anlagenwirtschaft

Ossadnik, Controlling, 4. Auflage

Ossadnik, Controlling – Aufgaben und Lösungshinweise

Ringlstetter, Organisation von Unternehmen und Unternehmensverbindungen

Schiemenz · Schönert, Entscheidung und Produktion, 3. Auflage

Schneider · Buzacott · Rücker, Operative Produktionsplanung und -steuerung

Wehling, Fallstudien zu Personal und Unternehmensführung

Übungsaufgaben zur Produktionswirtschaft

von

Dr. Dr. Theodor Nebl

o. Universitätsprofessor
für Allgemeine Betriebswirtschaftslehre
mit dem Schwerpunkt Produktionswirtschaft
an der Universität Rostock

und

Dr. Anne-Katrin Schröder

2., vollständig überarbeitete und erweiterte Auflage

Oldenbourg Verlag München

Dieses Übungsbuch ist
Johanna Felicitas Elisabeth,
Eva
und
Tom-Lukas
gewidmet.

Bibliografische Information der Deutschen Nationalbibliothek

Die Deutsche Nationalbibliothek verzeichnet diese Publikation in der Deutschen
Nationalbibliografie; detaillierte bibliografische Daten sind im Internet über
<http://dnb.d-nb.de> abrufbar.

© 2008 Oldenbourg Wissenschaftsverlag GmbH
Rosenheimer Straße 145, D-81671 München
Telefon: (089) 4 5051-0
oldenbourg.de

Lektorat: Wirtschafts- und Sozialwissenschaften, wiso@oldenbourg.de
Herstellung: Anna Grosser
Coverentwurf: Kochan & Partner, München
Gedruckt auf säure- und chlorfreiem Papier
Druck: Grafik + Druck, München
Bindung: Thomas Buchbinderei GmbH, Augsburg

ISBN 978-3-486-58768-5

Inhaltsverzeichnis

Teil C   Aufgaben und Lösungen zur Wirkung dispositiver Produktionsfaktoren   61

Vorwort

Sowohl die 5. Auflage des Lehrbuchs „Produktionswirtschaft" als auch die dafür vorgelegte 1. Auflage der „Übungsaufgaben zur Produktionswirtschaft" waren aufgrund der großen Nachfrage schnell vergriffen. Inzwischen ist die 6. Auflage „Produktionswirtschaft" erfolgreich auf dem Markt gestartet. Ihre wesentlichen Inhaltsveränderungen sowie die Ablösung der Diplomstudiengänge durch Bachelor- und Masterstudiengänge erforderten eine daran angepasste Gestaltung der 2. Auflage der „Übungsaufgaben zur Produktionswirtschaft", die Sie gerade in Ihren Händen halten.

Die Grundstruktur dieser neu gefassten und erweiterten Sammlung von Aufgaben und Lösungen folgt der Gliederung des Lehrbuchs „Produktionswirtschaft" (6. Auflage).

Alle Aufgaben und Lösungen erhalten eine Zuordnung zu den Modulen der wirtschaftswissenschaftlichen Bachelor- und Masterstudiengänge der Universität Rostock. Dies geschieht sowohl durch ein Übersichtsbild im Anschluss an das Vorwort als auch durch die Zuordnung der Modulabkürzungen zu jeder Aufgabenstellung. Die inhaltliche Verbindung zum Lehrbuch „Produktionswirtschaft" erfolgt durch eine Benennung der Bildnummern, die für die jeweilige Lösung relevant sind.

Die Zielstellungen und der für die 1. Auflage formulierte didaktische Anspruch bleiben für dieses Buch erhalten.

Bei der Erstellung dieses Lehrbuchs haben uns unsere studentischen Hilfskräfte Mathias Rimane, Philipp Zander und Marcus Rüer tatkräftig unterstützt. Ihnen gilt unser besonderer Dank ebenso wie unseren Kollegen Herr Dr. Gerhard Rimane und Frau Dipl.-Kffr. Ines Wegner für die kritische Durchsicht des Skripts und wertvolle Hinweise.

Den Mitarbeitern des Oldenbourg-Verlags, Herrn Dr. Jürgen Schechler und Frau Cornelia Horn, danken wir für eine vertrauensvolle Zusammenarbeit.

Rostock, 22. Juli 2008

Theodor Nebl   Anne-Katrin Schröder

Vorwort 1. Auflage

Der große Zuspruch, den mein Lehrbuch „Produktionswirtschaft" in den bisherigen Auflagen erfahren hat, bewog mich, insbesondere für Studierende, dieses Sammelwerk „Übungsaufgaben zur Produktionswirtschaft" vorzulegen.

Es verfolgt das Ziel, die Vorbereitung auf Prüfungen dadurch zu erleichtern, dass große Teile des Lehrstoffs in Form von Fragen und Antworten sowie von Aufgabenstellungen und ihren mathematischen Lösungen aufbereitet wurden. Dabei ging es nicht primär um eine möglichst vollständige Inhaltsbearbeitung, die wohl auch kaum möglich wäre, sondern darum, dass vermittelt wird, auf welche Art und Weise Prüfungsaufgaben gestellt und welche Lösungen durch die Prüfer für diese erwartet wurden.

Die Aufnahme von Klausuraufgaben vergangener Prüfungen und von Aufgaben, die Gegenstand von Übungen waren, in dieses Buch sichert diesen Anspruch ganz besonders.

Aus didaktischen Gründen und zur Gewährleistung der Übersichtlichkeit wurde eine enge Beziehung zwischen meinen Lehrbüchern „Produktionswirtschaft" und „Übungsaufgaben zur Produktionswirtschaft" gestaltet.

Die Reihenfolge der Aufgabenstellungen im Übungsbuch entspricht der Gliederung des Lehrbuchs (ab 4. Auflage, für Zweisteller).

Jede Aufgabenstellung ist durch eine Kennzeichnung leicht den Prüfungsschwerpunkten (GBWL, ABWL, SBWL, Wahlpflichtfach) zuzuordnen. Mehrfachzuordnungen sind nicht ausgeschlossen. Jeder Aufgabenstellung folgt unmittelbar die Lösung.

Es wird besonders auf eine kurze, prägnante Lösung geachtet, die die unverzichtbaren Lösungsschwerpunkte herausarbeitet. Dabei werden Hinweise auf Abschnitte, Bild- und Tabellennummern des Lehrbuchs „Produktionswirtschaft" gegeben, die das lösungsbezogene Studieren ermöglichen und erleichtern.

Für die Unterstützung bei der Erstellung des vorliegenden Lehrbuchs danke ich besonders meinen Mitarbeitern Herrn Prof. Brillowski, Herrn Dr. Schreiber, Herrn Dr. Rimane, Frau Dipl.-Kffr. Anne-Katrin Schröder und meiner Sekretärin Frau Luthe sowie meiner studentischen Hilfskraft Frau Jeannette Schneider.

Nicht zuletzt gilt mein Dank Herrn Dipl.-Volkswirt M. Weigert vom Oldenbourg-Verlag für die verständnisvolle Zusammenarbeit bei der Entstehung dieses Lehrbuchs.

Rostock, Oktober 2002
Theodor Nebl

Lehrangebote des Instituts für Produktionswirtschaft der Universität Rostock

Zuordnung der Inhalte des Lehrbuchs „Produktionswirtschaft" (6. Auflage) zu den Lehrmodulen

Studiengänge	Module	Lehrangebote	Abkürzung im Übungsbuch	Buchabschnitte
Bachelor (BA) Wirtschaftswissenschaften	Grundlagen der BWL (GBWL) Güterwirtschaft	Grundlagen der Produktionswirtschaft	BA GBWL PW	• A.1 • A.2 • A.3 • A.4 • A.5 • A.6 • B.1.1 • B.1.2 • B.3 • B.5
		Grundlagen der Beschaffungswirtschaft (Materialwirtschaft)	BA GBWL MAWI	• B.4
	Allgemeine BWL (ABWL) Güterwirtschaft	Produktionswirtschaft	BA ABWL PW	• C.1.1 • C.1.2 • C.2.1 • C.2.2 • C.2.3 • C.4
		Beschaffungswirtschaft (Anlagenwirtschaft)	BA ABWL AWI	• B.2
Master (MA) Dienstleistungsmanagement	Fertigungsnahe industrielle Dienstleistungen (FIDL)	Organisation von Fertigungsprozessen	MA FIDL ORG	• C.1.3 • C.1.4 • C.1.5 • C.1.6 • C.1.7
		Planung und Steuerung von Fertigungsprozessen	MA FIDL PPS	• C.2.4 • C.2.5 • C.2.6 • C.3
		Qualitätsmanagement	MA FIDL QUM	• C.5
		Arbeitsgestaltung	MA FIDL AGS	• B.1.3

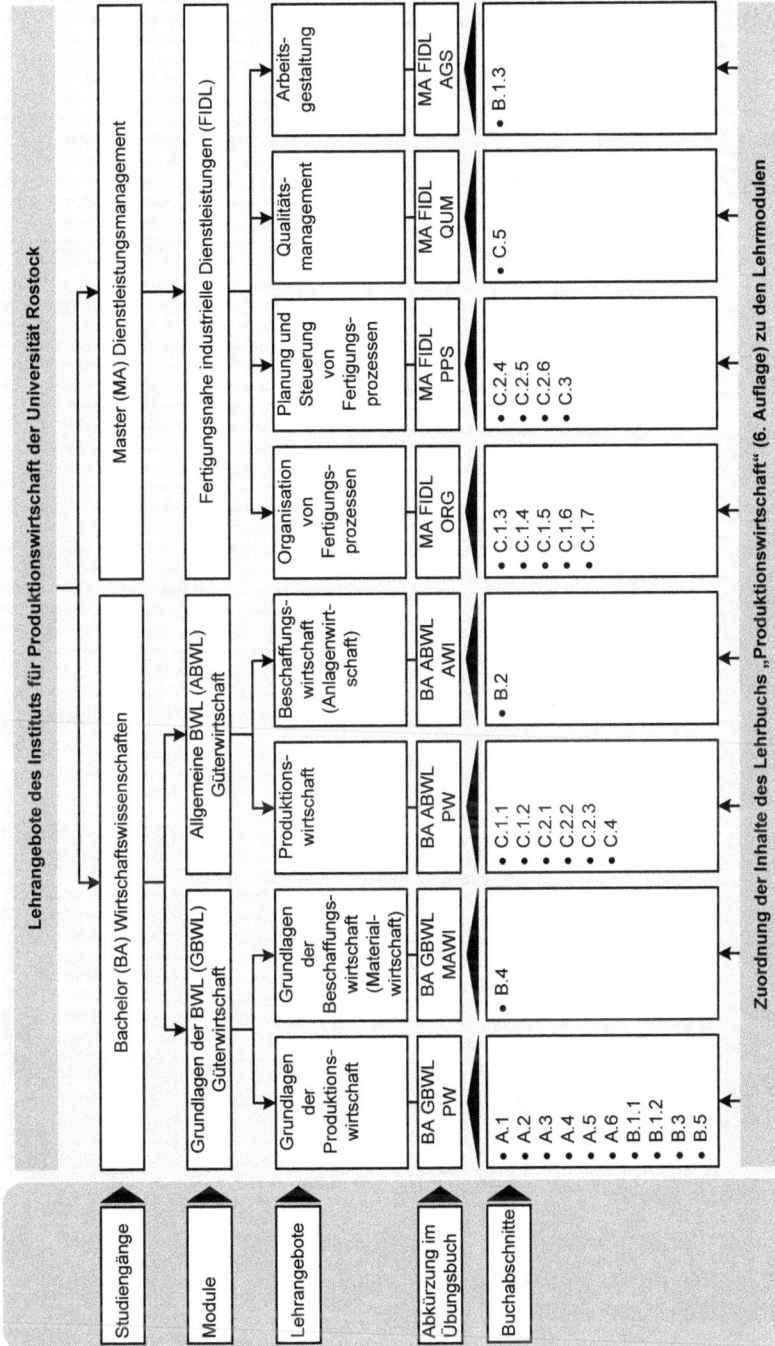

Zuordnung der Inhalte des Lehrbuchs zu Modulen Rostocker wirtschaftswissenschaftlicher Studiengänge

Verzeichnis der Abkürzungen

A

A	Auftrag
ABWL	Allgemeine Betriebswirtschaftslehre
AF	Anfangsfolge
AG	Arbeitsgang
AGS	Arbeitsgestaltung
AK	Arbeitskraft
AOB	Anordnungsbeziehung
AWI	Anlagenwirtschaft

B

B	Bohren
BA	Bachelor of Arts
BAZ	Bearbeitungszentrum
BG	Baugruppe
BKT	Betriebskalendertage
BM	Betriebsmittel
BOA	Belastungsorientierte Auftragsfreigabe
BP	Bestellpunkt
BS	Bearbeitungsstation

C

CONWIP	Constant Work in Process

D

D	Drehen

E

E	Erzeugnis
EPF	Einzelplatzfertigung
ET	Einzelteil

F

F	Fräsen
FAZ	Frühest möglicher Anfangs-Zeitpunkt
FEZ	Frühest möglicher End-Zeitpunkt
FF	Fließfertigung
FFF	Flexible Fließfertigung
FFS	Flexibles Fertigungssystem

FFZ	Flexible Fertigungszelle
FIDL	Fertigungsnahe industrielle Dienstleistungen
FMEA	Fehlermöglichkeits- und Einflussanalyse
FZS	Fortschrittszahlensystem

G

GBWL	Grundlagen der Betriebswirtschaftslehre
GET	Gerichteter Einzelteiltransport
GFA	Gegenstandsspezialisierter Fertigungsabschnitt
GFR	Gegenstandsspezialisierte Fertigungsreihe
GmbH	Gesellschaft mit beschränkter Haftung
GTP	Gerichtetes Transportprinzip
GTT	Gerichteter Teillostransport

I

IAL	Integrierte Aufnahmelagerung
IBL	Integrierte Bereitstellungslagerung
i. d. R.	In der Regel
iT	Innerbetrieblicher Transport

J

JIT	Just-In-Time

K

KE	Kapazitätseinheit
KMU	Kleine und mittlere Unternehmen
KOZ	Kürzeste Operationszeit-Regel
KV	Kombinierter Verlauf
KWF	Kontinuierliche Werkstattfertigung

M

MA	Master of Arts
MAWI	Materialwirtschaft
ME	Mengeneinheit

N

NF	Normalfolge

O

ORG	Organisation von Fertigungsprozessen

P

PPS	Produktionsplanung und -steuerung
PSP	Projektstrukturplan
PV	Parallelverlauf
PW	Produktionswirtschaft

Q

QFD	Quality Function Deployment
QUM	Qualitäts- und Umweltmanagement

R

REFA	Verband für Arbeitsgestaltung, Betriebsorganisation und Unternehmensentwicklung e. V.
RLT	Richtungsvariabler Lostransport
ROP	Räumliches Organisationsprinzip
RTP	Richtungsvariables Transportprinzip
RTT	Richtungsvariabler Teillostransport
RV	Reihenverlauf

S

S	Sägen
SAZ	Spätest möglicher Anfangs-Zeitpunkt
SBWL	Spezielle Betriebswirtschaftslehre
SEZ	Spätest möglicher End-Zeitpunkt
SFF	Starre Fließfertigung
Sl	Schleifen
Sw	Schweißen

T

T	Trennen

U

ULT	Ungerichteter Lostransport
UTP	Ungerichtetes Transportprinzip
UTT	Ungerichteter Teillostransport

V

VET	Verketteter Einzelteiltransport
VKN	Vorgangs-Knoten-Netz
VLT	Vorlauftage

VTP   Verkettetes Transportprinzip
VTT   Verketteter Teillostransport

W

W   Werkstatt
WF   Werkstattfertigung
WS   Werkstoff

Z

Z   Zusammenbau
ZE   Zeiteinheit
ZOP   Zeitliches Organisationsprinzip
ZWL   Zwischenlager

Verzeichnis der Symbole

A

a	Rüstwertkoeffizient
a_{ij}	Kapazitätsbedarf zur Herstellung eines Stücks der Erzeugnisart j in der Kapazitätseinheit i
AP	Anzahl der Arbeitstage pro Periode
AT	Arbeitszeit pro Tag

B

B_H	Höchstbestand

C

C_{BA}	Auftragsbedarf
C_{BE}	Einsatzbedarf
C_{BZ}	Zusatzbedarf

D

D_{ij}	Differenzmatrix: Bilanzierungsergebnisse in den Kapazitätseinheiten ij
d_{ij}	Bilanzierungsergebnisse in der Kapazitätseinheit ij

E

ES	Einsatzzeit der Betriebsmittel je Schicht

F

f	Zinssatz für Lagerung

G

G_{BAus}	Ausfallgrad der Betriebsmittel
G_{BUbr}	Unterbrechungsgrad der Betriebsmittel

K

K	Kosten
k	Durchschnitts- oder Stückkosten
k_b	Lagerungskosten pro Teil während der Planperiode
KB_Z	Kapazitätszeitbedarf
k_e	Fertigkosten pro Teil
K_L	Kosten pro Los
k_L	Kosten pro Teil eines Loses

k_m Materialkosten pro Teil
K_r Rüstkosten für ein Los
k_s Herstellkosten pro Teil

L

l_e Lohnkosten je Stunde „Zeit je Einheit"
L_j Laufzeit des Streifens j
l_r Lohnkosten je Stunde „Rüstzeit"

M

m   Anzahl der Aufträge

N

n_a Jahres(Perioden-)bedarfsmenge
n_B Zahlenmäßiger Betriebsmittelbedarf
n_k Monatsstückzahl
n_L Losgröße
n_{Lmin} Mindestlosgröße
n_{Lopt} Optimale Losgröße
n_P Transportlos

P

p_B Planungsfaktor (Betriebsmittel)
p_M Planungsfaktor (Mensch)

Q

q_{BR} Realer Betriebsmittelbestand
q_{BT} Theoretischer Betriebsmittelbestand
q_L Lohngemeinkostenzuschlagsatz
q_{MR} Realer Arbeitskräftebestand
q_{MT} Theoretischer Arbeitskräftebestand

R

r   Einsatzmenge der Elementarfaktoren

S

S   Anzahl der Schichten

T

t   Zeit
t_H Hauptzeit (längste anfallende t_i-Zeit)

T	Auftragszeit
T_{bB}	Belegungszeit
t_e	Zeit je Einheit
t_{eB}	Betriebsmittelzeit je Einheit
t_{er}	Erholungszeit
t_g	Grundzeit
t_i	Zeit je Einheit (Ist-Zeit); Bearbeitungszeit auf dem Arbeitsplatz i
t_{i+1}	Bearbeitungszeit auf dem Arbeitsplatz i+1
T_{ijk}	Auftragszeit des k-ten Arbeitsgangs in der Kapazitätseinheit ij
$t_{kürzi}$	Kürzeste t_i-Zeit
t_L	Loszyklus
t_r	Rüstzeit
t_{rB}	Betriebsmittel-Rüstzeit
t_{rer}	Rüsterholungszeit
t_{rg}	Rüstgrundzeit
t_{rv}	Rüstverteilzeit
t_v	Verteilzeit
$TZ_{(K)}$	Technologischer Zyklus im kombinierten Verlauf
$TZ_{(P)}$	Technologischer Zyklus im Parallelverlauf
$TZ_{(R)}$	Technologischer Zyklus im Reihenverlauf

V

V_{ij}	Verlust(zeit)matrix

X

x	Warte- und Stillstandzeit; Ertrag
x'	Grenzertrag
$\overline{x}$	Durchschnittsertrag
x_{max}	Ertragsmaximum
xm_j	Monatsstückzahl der Erzeugnisart j

Y

y	Liegezeit

Z

z_a	Anzahl der Losauflagen
z_{BZ}	Zuschlagssatz für zusätzliche Nutzung
ZF_{AK}	Zeitfonds der Arbeitskräfte
ZF_{BM}	Zeitfonds der Betriebsmittel
ZF_{KA}	Zeitfonds des Kapazitätsangebots
ZG	Zeitgrad

TEIL A AUFGABEN UND LÖSUNGEN ZU PRODUKTIONSWIRTSCHAFTLICHEN GRUNDLAGEN

A.1 Einordnung der Produktionswirtschaft in die Betriebswirtschaftslehre

Aufgabe A.1.1	Gliederung der Wirtschaftswissenschaften

Charakterisieren Sie, auf welche Art und Weise eine Einordnung der Produktionswirtschaft in die Wirtschaftswissenschaften erfolgt.

BA GBWL
PW

Lösung A.1.1	Bild PW.A.1.(2)

Die Betriebswirtschaftslehre ist neben der Volkswirtschaftslehre ein Bestandteil der Wirtschaftswissenschaften.

Die Betriebswirtschaftslehre ist strukturiert nach den Bestandteilen Allgemeine und Spezielle Betriebswirtschaftslehre.

Die Allgemeine Betriebswirtschaftslehre beinhaltet die Funktionenlehren. Hier ist die Produktionswirtschaft eingeordnet.

Die Spezielle Betriebswirtschaftslehre beinhaltet alternativ Funktionenlehren und / oder Institutionenlehren. Als Funktionenlehre kann auch hier die Produktionswirtschaft zugeordnet werden. Als Institutionenlehre würde sie durch die Industriebetriebslehre ersetzt.

A.2   Produktionsfaktoren und Makrostruktur des Produktionsprozesses

Aufgabe A.2.1	Produktionsfaktoren

BA GBWL   Auf welche Weise erfolgt die Gliederung von Produktionsfaktoren?
PW   Erläutern Sie die Gliederungsbestandteile.

Lösung A.2.1	Bild PW.A.2.(2)

Die Produktionsfaktoren werden in die Elementarfaktoren, die dispositiven Faktoren und in Zusatzfaktoren gegliedert.

Elementarfaktoren sind die Arbeitskraft, das Betriebsmittel und der Werkstoff.

Arbeitskraft und Betriebsmittel sind Potenzialfaktoren, sie bilden die Produktionskapazität und fungieren über längere Zeitabschnitte / Produktionsperioden.

Der Werkstoff ist ein Repetierfaktor. Er wird in der Regel in einer Produktionsperiode verbraucht und geht in die produzierten Erzeugnisse ein.

Dispositive Faktoren sind die Leitung, Planung, Organisation und die Überwachung / Kontrolle. Sie sind verantwortlich für die Kombination der Elementarfaktoren im Produktionsprozess.

Unter Zusatzfaktoren versteht man externe Faktoren. Es handelt sich dabei um Dienstleistungen oder indirekte Unterstützungsleistungen.

Aufgabe A.2.2	Makrostruktur

BA GBWL   Was verstehen Sie unter der Makrostruktur eines Produktionsprozesses und wie wirken die Produktionsfaktoren in der Makrostruktur?
PW

Lösung A.2.2	

Die Makrostruktur ist in den Input (Beschaffung), den Throughput (Produktion) und den Output (Absatz) gegliedert.

Inputgrößen sind die Arbeitskraft, das Betriebsmittel und der Werkstoff.

Im Throughput erfolgt deren zielgerichtete Kombination zur Herstellung von Erzeugnissen, die als Output das Unternehmen verlassen.

Die dispositiven Faktoren wirken in allen Makrostrukturbereichen:

➢ Zur Vorbereitung, Planung, Organisation und Realisierung der Beschaffung
➢ Zur Gestaltung einer sinnvollen Kombination der Elementarfaktoren durch Produktionsorganisation, -planung und -steuerung
➢ Zur Vorbereitung, Organisation, Planung, Leitung und Kontrolle von Absatzprozessen

A.3 Produktionswirtschaftliche Ziele

Aufgabe A.3.1	Wirtschaftlichkeitsprinzip

BA GBWL
PW

Erläutern Sie, wodurch der „Zwang zum Wirtschaften" begründet ist und welche Bedeutung das Wirtschaftlichkeitsprinzip in diesem Zusammenhang besitzt.

Lösung A.3.1	Bilder PW.A.3.(2) bis PW.A.3.(4)

Bedürfnis, Bedarf und Nachfrage sind schier unbegrenzt vorhanden. Die verfügbaren Ressourcen zur Deckung von Bedarfsgrößen sind begrenzt. Aus den deshalb eingeschränkt vorhandenen Deckungsmöglichkeiten leitet sich der Zwang zum Wirtschaften ab. Das Ziel besteht dabei darin, vorhandene Mittel so einzusetzen, dass ein möglichst großes Maß der Bedürfnis- bzw. Nachfragebefriedigung erreicht wird. Das erfordert einen Entscheidungsprozess über die Herstellung und den Verbrauch von Gütern, über die Rangfolge der Nachfragebefriedigung und über eine alternative Güterverwendung.

Grundlage der dafür notwendigen ökonomischen Überlegungen ist das Wirtschaftlichkeitsprinzip. Es verlangt, mit einer gegebenen Menge an Ressourcen einen maximalen Output zu erzielen (Maximumprinzip) bzw. ein vorgegebenes Resultat mit einem minimalen Faktoreinsatz zu erreichen (Minimumprinzip).

Aufgabe A.3.2	Ergiebigkeit

BA GBWL
PW
BA ABWL
PW

Auf welche Weise bestimmt man die Ergiebigkeit von Produktionsprozessen?
Welche Kennzahlen beinhalten diesen Ansatz?
Nennen und erläutern Sie drei Beispiele.

Lösung A.3.2	Bilder PW.A.3.(5) bis PW.A.3.(8)

Die Beziehung des Output zum Input kennzeichnet die Ergiebigkeit von Produktionsprozessen. Dabei handelt es sich um eine Erfolgsrelation.

Es werden drei grundsätzliche Arten zur Bestimmung von Erfolgsrelationen unterschieden:

➢ Produktivität
➢ Wirtschaftlichkeit, Gesamtproduktivität
➢ Rentabilität

Die Produktivität wird bestimmt durch die elementarfaktorbezogenen Teilproduktivitäten:

$$\text{Arbeitsproduktivität (bzw. Arbeitskräfteproduktivität)} = \frac{\text{Wertschöpfung}}{\text{Arbeitskräfte}}$$

$$\text{Betriebsmittelproduktivität} = \frac{\text{Wertschöpfung}}{\text{Betriebsmittel}}$$

$$\text{Werkstoffproduktivität} = \frac{\text{Wertschöpfung}}{\text{Werkstoffe}}$$

In der Betriebswirtschaftslehre kaum verwendet, aber trotzdem als Produktivitätsgröße akzeptabel, sind die nachfolgend aufgeführten Größen Kapitalproduktivität und Vermögensproduktivität:

$$\text{Kapitalproduktivität} = \frac{\text{Wertschöpfung}}{\text{Kapital}}$$

$$\text{Vermögensproduktivität} = \frac{\text{Wertschöpfung}}{\text{Vermögen}}$$

Die Wirtschaftlichkeit ist quasi eine Gesamtproduktivität. Die Formel zu ihrer Bestimmung lautet:

$$\text{Wirtschaftlichkeit} = \frac{\text{Wertschöpfung}}{\sum \text{Kosten der Inputfaktoren}}$$

Die Rentabilität wird folgendermaßen bestimmt:

$$\text{Kapitalrentabilität} = \frac{\text{Gewinn}}{\text{Kapital}}$$

$$\text{Vermögensrentabilität} \quad = \frac{\text{Gewinn}}{\text{Vermögen}}$$

$$\text{Umsatzrentabilität} \quad = \frac{\text{Gewinn}}{\text{Umsatz}}$$

Die Umsatzrentabilität stellt keine klassische Erfolgsrelation aus der Sicht der Output-Input-Beziehung dar.

Aufgabe A.3.3	Produktivitätseinflüsse

BA GBWL PW BA ABWL PW	Wie sind die Einflüsse, die auf die Produktivität wirken, systematisierbar? Strukturieren Sie wirkende Einflussgrößen am Beispiel eines Nennerbestandteils.

Lösung A.3.3	Bilder PW.A.3.(10) bis PW.A.3.(14)

Es sind drei Einflussfaktorkomplexe zu unterscheiden, die auf die Produktivität wirken:

➢ Faktorkomplexe, die auf den Zähler der Formel wirken
➢ Faktorkomplexe, die auf den Nenner der Formel wirken
➢ Faktorkomplexe, die sowohl auf den Zähler als auch auf den Nenner der Formel wirken

Hier sollen als Nennergrößen die Betriebsmittel ausgewählt werden (auch eine Auswahl der Arbeitskraft oder des Werkstoffs wäre nach der Aufgabenstellung möglich).

Insbesondere die Leistungsfähigkeit der Betriebsmittel, deren Erhalt sowie ihr Kapazitätsangebot und seine Ausnutzung sind als Einflussfaktoren identifizierbar.

Die Wirkung dieser Einflussfaktoren auf die Betriebsmittelproduktivität hängt in starkem Maße von der Planung, Leitung, Organisation und Kontrolle anlagenwirtschaftlicher Aktivitäten ab.

A.4 Typisierung von Produktionsprozessen

Aufgabe A.4.1	Typisierungsrahmen

Welches sind die Grundlagen und die Besonderheiten der Typisierung von industriellen Produktionsprozessen?	BA GBWL PW

Lösung A.4.1	Bilder PW.A.4.(2), PW.A.4.(5), PW.A.4.(11)

Die Typisierung industrieller Produktionsprozesse orientiert sich an der Makrostruktur. Inputorientierte, throughputorientierte und outputorientierte Typisierungsmerkmale bestimmen die Produktionsprozesstypisierung.

Die Besonderheiten bestehen darin, dass real existierende Produktionsprozesse durch Kombinationen diverser input-, throughput- und outputorientierter Merkmale gekennzeichnet sind und dass einzelne Merkmale eine Mehrfachzuordnung zu unterschiedlichen Makrostrukturbestandteilen gestatten.

Aufgabe A.4.2	Mengenaspekt

Was verstehen Sie unter dem Mengenaspekt des Produktionsprozesses? Erläutern Sie seine Bestandteile sowie seine Besonderheit als Typisierungsmerkmal von Produktionsprozessen.	BA GBWL PW

Lösung A.4.2	Bild PW.A.4.(6)

Der Mengenaspekt des Produktionsprozesses sagt etwas über die Stückzahlen der zu produzierenden Produktarten aus. Die Begriffe Fertigungsart, Fertigungstyp und Produktionsvolumen werden in der Regel synonym verwendet.

Seine Bestandteile sind

➢ die Einzelfertigung mit den Alternativen
  - Einmalfertigung und
  - Wiederholfertigung

und

➢ die Mehrfachfertigung mit den Alternativen
  - Sorten-, Variantenfertigung,
  - Serienfertigung mit Klein-, Mittel- und Großserienfertigung sowie
  - Massenfertigung.

Die Zuordnung einer genauen Stückzahl eines Erzeugnistyps zu o. g. Bestandteilen ist kompliziert. Sie hängt u. a. von der Größe und der Form der Erzeugnisse ab (Beispiel: fünf Containerschiffe sind bereits eine große Serie, fünf PKW-Motoren aber wohl nur eine kleine Serie).

Die Besonderheit des Mengenaspekts als Typisierungsmerkmal besteht in einer möglichen Mehrfachzuordnung zu Typisierungsarten. Der Mengenaspekt hat Auswirkungen auf

➢ den Input in Form der zu beschaffenden Mengen an Inputfaktoren,
➢ den Throughput in Form der zu wählenden Prozesstechnik, Technologie, Organisation und Kapazität und auf
➢ den Output in Form des abzusetzenden Produktionsprogramms.

Aufgabe A.4.3	Flexibilität

BA GBWL PW BA ABWL PW	Welche Fähigkeiten eines Produktionsprozesses werden durch den Begriff Flexibilität gekennzeichnet? Welche Arten der Flexibilität sind zu unterscheiden und wie wirken sie?

Lösung A.4.3	Bild PW.A.4.(8)

Die Flexibilität kennzeichnet die Fähigkeit eines Produktionssystems, den geänderten Anforderungen des Markts, ausgedrückt durch das Produktionsprogramm, zu entsprechen.

Es sind die quantitative und die qualitative Flexibilität zu unterscheiden. Die quantitative Flexibilität ist die Fähigkeit zur Anpassung der Produktion an Mengenveränderungen gleicher Produktarten. Die Voraussetzung dafür ist die Anpassung oder Veränderung der Kapazität bzw. der Kapazitätsauslastung.

Die qualitative Flexibilität ist die Fähigkeit zur Anpassung der Produktion an Produktartveränderungen.

Die Voraussetzungen dafür sind die Fähigkeit

➢ zur Aufnahme und Verarbeitung alternativer Werkstoffe,
➢ zum alternativen Einsatz vorhandener Potenzialfaktoren und
➢ zur Erzeugung alternativer Elementarfaktorkombinationen.

Aufgabe A.4.4	Substitution menschlicher Arbeit durch Maschinenarbeit

Systematisieren Sie die Grade der Substitution menschlicher Arbeit durch Maschinenarbeit.
Benennen Sie relevante Tätigkeiten und ordnen Sie diese anhand der vorgegebenen Tabelle den Graden der Substitution zu.

BA GBWL
PW

Lösung A.4.4	Bild PW.A.4.(9)

Die Lösung besteht in der Ausfüllung der freien Felder der vorgegebenen Tabelle auf der Grundlage von Bild PW.A.4.(9) des Lehrbuchs.

Tätigkeiten	Substitutionsgrade				

A.5 Dienstleistungs- und Sachleistungsproduktion

Aufgabe A.5.1	Dienstleistungsmerkmale

BA GBWL
PW
Durch welche Merkmale werden Dienstleistungen gekennzeichnet? Auf welche Weise unterscheiden sich externe und interne Dienstleistungen?

Lösung A.5.1	Bilder PW.A.5.(5), PW.A.5.(6)

Dienstleistungen sind durch folgende Merkmale gekennzeichnet:

➢ Immaterielles Leistungsversprechen auf der Grundlage einer vorhandenen Leistungsfähigkeit und der Leistungsbereitschaft von Einsatzfaktoren

➢ Immaterielle Leistung

➢ Existenz eines externen Faktors, der aktiv oder passiv am Leistungserstellungsprozess beteiligt ist

Von internen Dienstleistungen spricht man, wenn Leistungsgeber und Leistungsnehmer derselben Organisationseinheit (Unternehmen) angehören.

Bei externen Dienstleistungen gehören beide unterschiedlichen Organisationseinheiten an.

Aufgabe A.5.2	Industrielle Dienstleistungen

BA GBWL
PW
Was ist unter industriellen Dienstleistungen zu verstehen und auf welche Art sind sie strukturierbar?
Worin besteht der Wettbewerbsvorteil, der mit ihnen erzielt werden kann?

Lösung A.5.2	Bilder PW.A.5.(10) bis PW.A.5.(14)

Industrielle Dienstleistungen werden von Industrieunternehmen erstellt. Sie werden entweder von dem Unternehmen genutzt, in dem sie erzeugt wurden (interne Dienstleistungen) oder sie werden anderen Unternehmen als Leistung angeboten (externe Dienstleistungen).

Interne industrielle Dienstleistungen sind

> potenzialorientierte Dienstleistungen, da sie die Schaffung oder Aufrechterhaltung der Leistungsfähigkeit bzw. Leistungsbereitschaft verfolgen (Instandhaltung, Qualitätssicherung, Zeitwirtschaft u. a.),

> prozessorientierte Dienstleistungen, indem sie sowohl dispositive Tätigkeiten zur Verbesserung der Kombination der Elementarfaktoren realisieren bzw. begleiten (Produktionsplanung, Produktionsorganisation, Produktionscontrolling u. a.) als auch Voraussetzungen dafür schaffen, dass Fertigungsprozesse durchgeführt werden können (innerbetrieblicher Transport und innerbetriebliche Lagerung) und

> produktorientierte Dienstleistungen, indem sie die Produktionsvorbereitung realisieren oder begleiten (Konstruktion, Arbeitsplanung u. a.).

Externe industrielle Dienstleistungen sind primäre Dienstleistungen, wenn sie unabhängig von einem Kernprodukt auf dem Markt angeboten werden.

Externe industrielle Dienstleistungen sind sekundäre Dienstleistungen, wenn sie an ein Kernprodukt gekoppelt sind.

Bei kernproduktbegleitenden Dienstleistungen werden solche unterschieden, die vor dem Kernproduktverkauf realisiert werden, um die Wahrscheinlichkeit des Verkaufserfolgs für das Kernprodukt zu erhöhen (Leasingangebote, Finanzierungen, Produktschulungen u. a.) und solche, die nach dem Verkauf des Kernprodukts stattfinden (Service, Entsorgung, Coaching u. a.).

Die Wettbewerbsvorteile durch industrielle Dienstleistungen entstehen insbesondere durch eine

> Differenzierung vom Wettbewerber,
> Gestaltung eines Komplettangebots für den Kunden,
> starke Kundenbindung u. a.

A.6 Forschung und Entwicklung

Aufgabe A.6.1	Aufgabenfelder

BA GBWL
PW

Welche Aufgabenfelder werden in der Forschung und Entwicklung unterschieden und welche Ziele verfolgen sie?

Lösung A.6.1	Bild PW.A.6.(2)

Im Rahmen der Forschung werden die Grundlagenforschung zur Erweiterung wissenschaftlicher Erkenntnisse und zur Wissensproduktion für zukünftige praktische Anwendungsbereiche sowie die angewandte Forschung zur Überprüfung der Möglichkeiten des Einsatzes vorhandenen Wissens zur Lösung praktischer Probleme unterschieden.

Die Entwicklungsprozesse werden in die Neuentwicklung und die Weiterentwicklung unterteilt. Beide nutzen Erkenntnisse der Grundlagen- und der angewandten Forschung mit dem Ziel, neue Produkte und Prozesse hervorzubringen. Die Neuentwicklung verfolgt dieses Ziel auf der Grundlage nicht bekannten bzw. nicht genutzten Wissens, die Weiterentwicklung kreiert Produkte und Prozesse durch eine neue Art und Weise des Einsatzes und der Kombination bekannten Wissens.

Aufgabe A.6.2	Arbeitsplan

BA GBWL
PW

Charakterisieren Sie den Zusammenhang, der zwischen der Zeichnung, der Stückliste und dem Arbeitsplan besteht.
Welche Arbeitsschritte sind im Rahmen der Arbeitsplanung zu realisieren?

Lösung A.6.2	Bild PW.A.6.(8)

Der Arbeitsplan ist das Ergebnis der Arbeitsplanung. Seine Ausgangspunkte sind die Zeichnung und die Stückliste des zu produzierenden Produkts. Die Arbeitsplanung wird für jedes zu produzierende Teil des Erzeugnisses vorgenommen.

Dabei sind folgende Arbeitsschritte zu realisieren:

1. Bestimmung des je Teil zu verwendenden Rohmaterials
2. Definition der Arbeitsgänge, die notwendig sind, um aus dem Material die durch die Konstruktion vorgegebenen Formelemente herauszuarbeiten

3. Bestimmung der Reihenfolge der durchzuführenden Arbeitsgänge (technologische Bearbeitungsfolge)

4. Auswahl von Betriebsmitteln zur Durchführung der Arbeitsgänge

5. Bestimmung der Vorgabezeit für die Durchführung jedes Arbeitsgangs

6. Bestimmung des zu zahlenden Lohns

Aufgabe A.6.3	Produktentwicklung

Benennen Sie die im Rahmen der Produktentwicklung durchzuführenden Arbeitsschritte.
Nennen Sie wesentliche Zielstellungen, die mit den jeweiligen Arbeitsschritten verfolgt werden.

BA GBWL
PW

Lösung A.6.3	Bild PW.A.6.(3)

Die im Rahmen der Produktentwicklung durchzuführenden Schritte sind die

➢ Produktplanung,
➢ Produktkonzipierung und die
➢ Produktkonstruktion mit den Teilaufgaben
  • Entwerfen und
  • Ausarbeiten.

Die Produktplanung umfasst die Definition der Aufgaben und der Gesamtfunktionen des zu entwickelnden Produkts. Auf dieser Grundlage wird ein Entwicklungsauftrag erteilt.

Das Konzipieren beinhaltet das Festschreiben der Anforderungen an das Produkt und systematisiert mögliche Lösungsprinzipien sowie deren Kombination und Zusammenwirken.

Die Konstruktion bestimmt die Geometrie eines Erzeugnisses und seiner Bauteile.

Dabei ist das Entwerfen der Teil des Konstruierens, der auf der Basis des Konzepts die Gestaltung des Produkts nach technischen und ökonomischen Kriterien vornimmt.

Das Ausarbeiten ergänzt den Entwurf um Festlegungen zur konkreten Form, zu den Maßen, der Oberflächenbeschaffenheit und zu den einzusetzenden Werkstoffen. Es werden die Zeichnungen der Einzelteile und Baugruppen und des Zusammenbaus hergestellt, Stücklisten aufgestellt und Prüfvorschriften formuliert.

TEIL B AUFGABEN UND LÖSUNGEN ZUR WIRKUNG ELEMENTARER PRODUKTIONSFAKTOREN

B.1 Potenzialfaktor Arbeitskraft

Aufgabe B.1.1	Leistung der Arbeitskraft

Erläutern Sie den Begriff der Leistung als Kategorie, die die Wirksamkeit des Potenzialfaktors Arbeitskraft kennzeichnet.
Nennen Sie Faktoren, die die Leistung einer Arbeitsgruppe in einem Planzeitraum beeinflussen.

BA GBWL
PW

Lösung B.1.1	

Leistung ist die pro Zeitabschnitt (z. B. Stunde, Tag, Woche, Monat) verrichtete Arbeit. Sie kann durch Angabe von Art, Menge und Qualität der pro Zeitabschnitt erreichten Arbeitsergebnisse gemessen werden.

Die von einer Arbeitsgruppe in einem Planzeitraum (z. B. Tag, Woche, Monat, Jahr) zu erreichende Leistung hängt von folgenden Einflussfaktoren ab:

➢ Anzahl der Arbeitskräfte der Arbeitsgruppe (Leistungsquerschnitt)
➢ Einsatzzeit jeder Arbeitskraft im Planzeitraum (Leistungsdauer)
➢ Leistung pro Arbeitskraft und pro Zeitabschnitt (Leistungsintensität)

Aufgabe B.1.2	Leistungsintensität und Kapazität

Wie wirkt sich die Erhöhung der Leistungsintensität auf das Kapazitätsangebot bzw. auf den Kapazitätsbedarf der beteiligten Elementarfaktoren aus?

BA GBWL
PW

Lösung B.1.2	

Durch eine höhere Leistungsintensität wird der Anteil Arbeit pro Zeiteinheit durch die betreffende Arbeitskraft erhöht. Damit können mehr Erzeugnisse in gleichen Zeitabschnitten produziert werden. Der pro Erzeugnis erforderliche Zeitbedarf wird gesenkt, weil die geplante Vorgabezeit nicht vollständig in Anspruch genommen werden muss.

Die Erhöhung der Leistungsintensität senkt damit den Kapazitätsbedarf der Werkstoffe bzw. Arbeitsobjekte.

Die Erhöhung der Leistungsintensität verändert jedoch nicht das Kapazitätsangebot der Arbeitskräfte und / oder der Betriebsmittel, weil der durch sie bereitgestellte Zeitfonds (die Stunden- oder Minutenzahl) sich nicht verändert.

Aufgabe B.1.3	Ablaufarten

BA GBWL PW	Die Analyse der Ablaufarten ist die Grundlage für die Gliederung der Auftrags- bzw. Belegungszeit der Arbeitskräfte bzw. Betriebsmittel. Nennen Sie die Ablaufarten, die ein Unterbrechen der Tätigkeit des Menschen darstellen und deren Zeitarten über die Zeit pro Einheit Bestandteil der Auftragszeit sind.

Lösung B.1.3		Bild PW.B.1.(5)

Folgende Ablaufarten beinhalten ein Unterbrechen der Tätigkeit des Menschen und werden der Zeit pro Einheit zugerechnet:

➤ Ablaufbedingtes Unterbrechen ($\rightarrow$ Grundzeit $[t_g$ bzw. $t_{rg}])$
➤ Störungsbedingtes Unterbrechen ($\rightarrow$ Verteilzeit $[t_v$ bzw. $t_{rv}])$
➤ Erholen ($\rightarrow$ Erholungszeit $[t_{er}$ bzw. $t_{rer}])$
➤ Persönlich bedingtes Unterbrechen ($\rightarrow$ Verteilzeit $[t_v$ bzw. $t_{rv}])$

$$T = t_r + n_L \cdot t_e = (t_{rg} + t_{rer} + t_{rv}) + n_L \cdot (t_g + t_{er} + t_v)$$

Aufgabe B.1.4	Arbeitssysteme

BA GBWL PW MA FIDL AGS	Die Arbeitsgestaltung orientiert auf eine zweckmäßige Organisation von Arbeitssystemen. Skizzieren Sie das Schema eines Arbeitssystems (nach REFA), das die Struktur und die relevanten Bestandteile verdeutlicht und nennen Sie auf dieser Grundlage die sieben Gestaltungsobjekte der Arbeitsgestaltung.

Lösung B.1.4	Bild PW.B.1.(6)

Schema eines Arbeitssystems nach REFA:

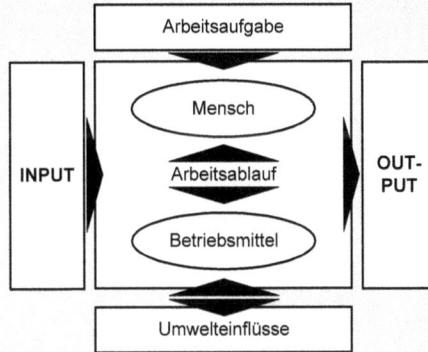

Gestaltungsobjekte der Arbeitsgestaltung sind:
- Arbeitsaufgabe
- Input
- Arbeitsablauf
- Mensch
- Betriebsmittel
- Umwelteinflüsse
- Output

Aufgabe B.1.5	**Ziele der Arbeitsgestaltung**

Definieren Sie die beiden Hauptziele der Arbeitsgestaltung und charakterisieren Sie die Beziehungen, die zwischen ihnen bestehen.

BA GBWL
PW
MA FIDL
AGS

Lösung B.1.5	

Hauptziele der Arbeitsgestaltung sind:
- Wirtschaftlichkeit
  (Verbesserung des Wirkungsgrades von Arbeitssystemen:
$$\text{Wirtschaftlichkeit} = \frac{\text{Leistung}}{\text{Kosten}} \,)$$
- Humanisierung (menschengerechte Gestaltung der Arbeit)

Zwischen diesen Hauptzielen gibt es Wechselwirkungen, weil die mit der Humanisierung verbundenen Maßnahmen im Unternehmen erwirtschaftet und die Humanisierungsmaßnahmen selbst wirtschaftlich und effizient durchgeführt werden müssen.

Häufig wird zwischen der Wirtschaftlichkeit und der Humanisierung eine Zielkonkurrenz angenommen, weil die Kosten für arbeitsgestaltende Maßnahmen sofort anfallen und exakt quantifizierbar sind. Der Nutzen der Arbeitsgestaltung tritt häufig zeitverzögert ein und ist in seiner Gesamtheit kaum exakt berechenbar.

Wenn es gelingt, durch Maßnahmen im Sinne der Humanisierung (z. B. Verringerung der Belastung) Leistungssteigerungen auszulösen und die damit verbundenen Kosten ein akzeptables Niveau nicht überschreiten, ist zwischen den Hauptzielen durchaus Zielkomplementarität möglich.

Aufgabe B.1.6	Zehn-Stufen-Methode

BA GBWL PW MA FIDL AGS	Die Arbeitsgestaltung macht eine systematische und daher methodische Vorgehensweise erforderlich. Welcher grundsätzlich neue Gedankengang (gegenüber der traditionellen Vorgehensweise) wird bei der von NADLER entwickelten Zehn-Stufen-Methode und auch in der Sechs-Stufen-Methode von REFA angewendet? Beschreiben Sie das entsprechende Gedankenmodell und schätzen Sie seine Wirkung auf die Qualität und auf die Kosten der erreichbaren Ergebnisse ein.

Lösung B.1.6	Bilder PW.B.1.(15), PW.B.1.(16)

Grundsätzlich neu ist in diesem Zusammenhang das Ideal-System von NADLER. Dabei wird empfohlen, für die Lösung eines Problems zunächst die Vorstellung über ein ideales System zu erarbeiten. Um zu einer praktischen Lösung zu kommen, soll dann schrittweise der Weg zurück zur Realität gegangen werden.

Die Orientierung an der idealen Lösung führt zur Trennung von bisherigen Vorstellungen und Prinzipien und ermöglicht es, durch Kreativität und Schöpfertum qualitativ neue und bessere Lösungen mit geringeren Kosten zu finden.

Die Rückführung der idealen auf die praktische Lösung gestattet ein zielgerichtetes Arbeiten und fördert eine Konzentration auf das Wesentliche, so dass mit dieser Vorgehensweise i. d. R. bessere und kostengünstigere Lösungen gefunden werden.

Aufgabe B.1.7	Beziehung Arbeitsgestaltung – Produktionswirtschaft

Welche Gemeinsamkeiten und Unterschiede bestehen zwischen der Arbeitsgestaltung und der Produktionswirtschaft?

BA GBWL
PW
MA FIDL
AGS

Lösung B.1.7	

Gemeinsamkeiten:

➤ Betrachtungsgegenstand ist die Leistungserstellung.
➤ Ausgangspunkt ist die Lösung von Aufgaben.
➤ Ziel ist das optimale Zusammenwirken der Elementarfaktoren.
➤ Schwerpunkt ist die sozio-ökonomische Betrachtungsweise.

Unterschiede:

➤ Während die Produktionswirtschaft sich mit den Elementarfaktoren „gleichberechtigt" beschäftigt, konzentriert sich die Arbeitsgestaltung auf die Leistungsfähigkeit und auf die Bedürfnisse des Menschen.
➤ Während die Produktionswirtschaft von Arbeitskräften mit gegebener Leistungsfähigkeit und daraus abgeleiteten Auftragszeiten ausgeht, versucht die Arbeitsgestaltung die Leistungsfähigkeit des Menschen optimal wirksam zu machen und beeinflusst damit die Auftragszeiten.
➤ Die Produktionswirtschaft ist den Phasen Vorbereitung und Durchführung der Produktion zuzuordnen, die Arbeitsgestaltung konzentriert sich auf die Produktionsvorbereitung.

Somit ist die Arbeitsgestaltung eine wichtige Grundlage für die Produktionswirtschaft. Die durch die Arbeitsgestaltung entwickelten Lösungen werden durch die Produktionswirtschaft für die Leistungserstellung wirksam gemacht.

B.2 Potenzialfaktor Betriebsmittel

Aufgabe B.2.1	Leistung der Betriebsmittel

BA GBWL
PW

Was ist unter der Leistung der Betriebsmittel zu verstehen? Erläutern Sie, wovon die Menge der in einem Produktionsprozess herstellbaren Erzeugnisse aus der Sicht des Potenzialfaktors betriebsmittel abhängt und bestimmen Sie den Bedarf an Betriebsmitteln eines Fertigungsverfahrens in einer Planperiode.

Lösung B.2.1	

Die Leistung eines Betriebsmittels ist die pro Zeiteinheit realisierte Arbeit. Dabei geht es um die Durchführung von Werkverrichtungen (Arbeitsoperationen, Arbeitsgängen) an Arbeitsobjekten (Arbeitsgegenständen).

Die Menge der in einem Produktionsprozess herstellbaren Produkte hängt aus der Sicht des Betriebsmittels von folgenden Faktoren ab:

➢ Anzahl der Betriebsmittel, die am Produktionsprozess beteiligt sind
➢ Einsatzzeit jedes Betriebsmittels pro Arbeitstag sowie Dauer des Einsatzes der Betriebsmittel in Einsatztagen
➢ Leistung je Betriebsmittel und Zeiteinheit

Zur Bestimmung der täglichen Nutzungsdauer wird der 24-Stunden-Tag vermindert um

➢ Betriebsruhezeiten,
➢ Zeiten der Unterbrechung der Nutzung des Betriebsmittels und
➢ Zeiten, in denen das Betriebsmittel außer Einsatz ist.

Der Bedarf an Betriebsmitteln [ME] eines Fertigungsverfahrens in einer Planperiode wird bestimmt durch die Division:

$$\frac{\text{Kapazität der Planperiode} \left[\text{ZE} \right]}{\text{Nutzungsdauer eines Betriebsmittels in der Planperiode} \left[\text{ZE} / \text{ME} \right]}$$

Aufgabe B.2.2	Betriebsmittelkosten

Differenzieren Sie auftretende Betriebsmittelkosten in Abhängigkeit vom Lebenszyklus eines Betriebsmittels. Nennen Sie Beispiele für die Kostenarten und unterscheiden Sie nach einmaligen und laufenden Kosten.	BA GBWL PW BA ABWL AWI

Lösung B.2.2	Bild PW.B.2.(11)

Aus der Sicht des Lebenszyklus eines Betriebsmittels sind folgende Kosten zu unterscheiden:

➢ Beschaffungsvorbereitungskosten
  Dazu gehören Kosten für die Ermittlung des Betriebsmittelbedarfs, Kosten für die Investitionsrechnung, Kosten für die Einholung und Prüfung von Angeboten u. a. Hierbei handelt es sich um einmalig anfallende Kosten.

➢ Beschaffungskosten
  Dazu gehören Anschaffungskosten, Investitionskosten, Kosten für den Einbau und die Aufstellung der Betriebsmittel u. a. Hierbei handelt es sich um einmalig anfallende Kosten.

➢ Verfügbarkeitskosten
  Dazu gehören zeitablaufbedingte Abschreibungen, Versicherungskosten, zeitablaufbedingte Instandhaltungskosten u. a. Hierbei handelt es sich um laufend anfallende Kosten.

➢ Nutzungskosten
  Dazu gehören nutzungsbedingte Abschreibungen, Energiekosten, nutzungsbedingte Instandhaltungskosten u. a. Das sind laufend anfallende Kosten.

➢ Aussonderungskosten
  Dazu gehören Demontagekosten und Recyclingkosten u. a. Hier handelt es sich um einmalig anfallende Kosten.

Die Kosten, die zur Ingangsetzung und Beendigung des Lebenszyklus eines Betriebsmittels dienen, sind einmalig anfallende Kosten.

Die Kosten, die während des Lebenszyklus entstehen, sind laufend anfallende Kosten.

Aufgabe B.2.3	Abschreibungsursachen

Was verstehen Sie unter dem Begriff Abschreibungen?
Erläutern Sie Abschreibungsursachen.

Lösung B.2.3	Bild PW.B.2.(12)

Abschreibungen sind die Kosten der Wertminderung von Betriebsmitteln.

Abschreibungsursachen sind

➢ durch die Nutzung bedingte Wertminderung und
➢ zeitbedingte Wertminderung.

Die Wertminderung durch Nutzung umfasst die Komponenten

➢ Wertminderung durch Gebrauch des Betriebsmittels und
➢ Wertminderung durch Substanzverringerung.

Bei der Substanzverringerung erfolgt ein Abbau der Nutzungsmöglichkeit.

Die zeitbedingte Wertminderung ist unterteilbar in die

➢ fortschrittbedingte Wertminderung und
➢ zeitablaufbedingte Wertminderung.

Der technische Fortschritt bringt neuartige, leistungsfähigere Betriebsmittel hervor, die zu einer relativen Wertminderung der älteren Betriebsmittel führt. Mit dem technischen Fortschritt kommt es aber auch zu Markt- und Bedarfsveränderungen, in deren Folge bisher benutzte Betriebsmittel überflüssig werden können.

Die zeitablaufbedingte Wertminderung beinhaltet die Wertminderung ohne Nutzung und die Wertminderung durch Fristablauf von Verträgen, Schutzrechten und Konzessionen.

Aufgabe B.2.4	Abschreibungsverfahren

Begründen Sie die ökonomische Bedeutung degressiver Abschrei-
bungen und ordnen Sie die Varianten der degressiven Abschreibung in das Spektrum aller Abschreibungsverfahren ein.
Erläutern Sie die Spezifik der Varianten der degressiven Abschreibungen.

Lösung B.2.4	Bilder PW.B.2.(13) bis PW.B.2.(16)

Die Grundidee der degressiven Abschreibungsmethode besteht aus zwei Gesichtspunkten:

➢ Der Gesamtaufwand an Abschreibungen und Instandhaltungskosten soll über die Nutzungsdauer des Betriebsmittels weitgehend konstant sein. Es macht demzufolge Sinn, dem am Ende der Nutzungsdauer zu erwartenden Ansteigen der Instandhaltungskosten hohe Abschreibungen zu Beginn der Nutzungsdauer entgegenzustellen.

➢ Hohe Abschreibungsbeträge zu Beginn der Nutzungsphase wirken einer plötzlich auftretenden Wertminderung durch den technischen Fortschritt entgegen.

Die geometrisch-degressive und die arithmetisch-degressive Abschreibung sind neben der linearen und der progressiven Abschreibung Bestandteile der Zeitabschreibung. Des Weiteren gibt es noch die Leistungsabschreibung und die Abschreibung für Substanzverringerung.

Die arithmetisch-degressive Abschreibung ist durch gleichmäßig fallende Abschreibungsbeträge gekennzeichnet. Diese entstehen durch einen jährlich sinkenden Abschreibungssatz und seine Anwendung auf den Anschaffungswert. Am Ende der Nutzungsdauer ist der Anschaffungswert vollständig abgeschrieben.

Bei der geometrisch-degressiven Abschreibung werden die Abschreibungsbeträge von Jahr zu Jahr geringer. Der Abschreibungssatz bleibt konstant. Im ersten Jahr wird dieser Abschreibungssatz auf den Anschaffungswert angewendet, danach wird vom jeweiligen Restbuchwert abgeschrieben. Es ist mit diesem Verfahren nicht möglich, innerhalb der Nutzungsdauer eine vollständige Abschreibung des Anschaffungswerts zu erreichen.

Aufgabe B.2.5	Verschleißquote

Definieren Sie den Begriff der Verschleißquote. Erläutern Sie, inwiefern von der Entwicklung der Verschleißquote auf notwendige Maßnahmen der Anlagenerneuerung geschlossen werden kann.	BA GBWL PW BA ABWL AWI

Lösung B.2.5	

Die Verschleißquote ist eine Kennzahl zur Beurteilung des Verschleißzustands eines Betriebsmittels bzw. der Betriebsmittelgesamtheit eines Unternehmens. Sie setzt die über die realisierte Nutzungsdauer kumulierten Abschreibungen zum Anschaffungswert in Beziehung.

Eine steigende Verschleißquote dokumentiert Zustandsverschlechterungen. Sie impliziert Maßnahmen zur Anlagenerneuerung, die insbesondere auf Verschleißkompensation fokussieren. Solche sind Instandhaltung, Ersatzinvestitionen und Aussonderung verschlissener Anlagen.

Unterbleibt die Verbesserung des Anlagenzustands ist mit Anlagenausfällen und negativen Auswirkungen auf das Kapazitätsangebot zu rechnen.

Aufgabe B.2.6	Maßnahmenkomplexe der Anlagenwirtschaft

BA GBWL PW BA ABWL AWI	Benennen Sie die im Rahmen der Anlagenwirtschaft einsetzbaren Maßnahmenkomplexe und erläutern Sie, welche Ziele durch die einzelnen Maßnahmenkomplexe verfolgt werden.

Lösung B.2.6	

Die Maßnahmenkomplexe sind:

➢ Investition mit den Bestandteilen
  - Neuinvestition
  - Erweiterungsinvestition
  - Ersatzinvestition
  - Rationalisierungsinvestition

➢ Instandhaltung mit den Bestandteilen
  - Inspektion
  - Wartung
  - Instandsetzung
  - Anlagenverbesserung

➢ Aussonderung (Ausmusterung)

Neu- und Erweiterungsinvestitionen vergrößern die Kapazität (bei der Betriebsgründung bzw. bei laufendem Betrieb) und die Anzahl der eingesetzten Betriebsmittel. Ersatzinvestitionen und Rationalisierungsinvestitionen führen zum Ersatz auszusondernder Betriebsmittel (ohne bzw. mit Rationalisierungseffekt).

Die Instandhaltung wirkt gegen den Verbrauch des Nutzungsvorrats (Verschleiß) eines Betriebsmittels in der Nutzungsphase. Dabei widmet sich die Inspektion dem Erkennen des Verbrauchs des Nutzungsvorrats, die Wartung hemmt den Verbrauch des Nutzungsvorrats und die Instandsetzung füllt verbrauchten Nutzungsvorrat wieder auf. Dabei kann auch die Modernisierung des Betriebsmittels als Ziel verfolgt werden.

Die Aussonderung beendet den Lebenszyklus eines Betriebsmittels.

Aufgabe B.2.7	Wechselbeziehungen der Maßnahmenkomplexe der Anlagenwirtschaft

Stellen Sie die Wechselbeziehungen der Maßnahmenkomplexe der Anlagenwirtschaft unter Einbeziehung der Anlagennutzung graphisch dar und erläutern Sie die Wirkung von Veränderungen der Nutzung auf die Einzelmaßnahmen.

BA GBWL
PW
BA ABWL
AWI

Lösung B.2.7	Bild PW.B.2.(24)

Die Lösung des ersten Teils der Aufgabe besteht in der Ausfüllung des folgenden Bilds (Grundlage ist Bild PW.B.2.(24) des Lehrbuchs).

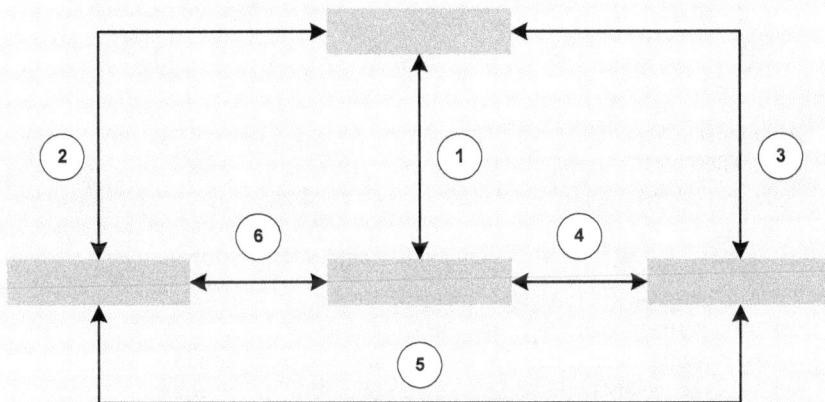

Eine steigende kapazitive Nutzung der Betriebsmittel bewirkt:

➢ Eine Reduktion des Bedarfs nach Erweiterungsinvestition

➢ Eine Erhöhung des Verschleißes und in dessen Folge
- eine Steigerung des Instandhaltungsbedarfs
- eine Steigerung des Bedarfs an Ersatzinvestitionen
- eine Vergrößerung des Aussonderungsvolumens

Eine sinkende kapazitive Nutzung der Betriebsmittel verringert den Verschleiß sowie den Bedarf nach Instandhaltungsmaßnahmen und Ersatzinvestitionen.

Für freie, nicht genutzte Betriebsmittel sind ersatzlose Aussonderungen vorzusehen.

Aufgabe B.2.8	Wechselbeziehungen der Aktivitätsfelder der Anlagen-wirtschaft

BA GBWL PW BA ABWL AWI	Nennen Sie wesentliche Aktivitätsfelder der Anlagenwirtschaft. Leiten Sie die besonders wichtigen Wechselbeziehungen zwischen je zwei Aktivitätsfeldern ab und begründen Sie die Stärke der Beziehungen.

Lösung B.2.8		Bild PW.B.2.(25)

Die wichtigsten Aktivitätsfelder der Anlagenwirtschaft sind:

➢ Anlagenprojektierung
➢ Anlagenbereitstellung
➢ Anlagenerrichtung
➢ Anlagennutzung
➢ Anlageninstandhaltung
➢ Anlagenverbesserung
➢ Anlagenaussonderung
➢ Anlagenersatz
➢ Anlagenverwertung und -controlling

Besonders wichtige Wechselbeziehungen bestehen z. B. zwischen

➢ der Anlagenprojektierung und Anlagennutzung,
➢ der Anlageninstandhaltung und dem Anlagenersatz,
➢ der Anlageninstandhaltung und Anlagenaussonderung sowie
➢ dem Anlagenersatz und der Anlagenaussonderung.

Die optimale Anlagennutzung ist nur dann erreichbar, wenn in der Projekt-steuerung alle notwendigen Anforderungen berücksichtigt werden.

Instandhaltung und Ersatz sind gemeinsam für die Verschleißkompensation verantwortlich. Eine stärkere Betonung der Instandhaltung führt zur Reduktion des Ersatzbedarfs und umgekehrt.

Instandhaltung verlängert den Nutzungszeitraum und verschiebt die Aussonde-rung.

Jede Ersatzinvestition ist von einer Aussonderung begleitet, aber nicht jede Aussonderung zieht eine Ersatzinvestition nach sich.

Aufgabe B.2.9	Anlagenerneuerung

Was ist unter Anlagenreproduktion bzw. Anlagenerneuerung zu verstehen?
Nennen und charakterisieren Sie die Schwerpunktsetzungen der Erneuerungsstrategien!

BA GBWL
PW
BA ABWL
AWI

Lösung B.2.9	Bilder PW.B.2.(26), PW.B.2.(27)

Anlagenreproduktion schafft die notwendigen Voraussetzungen dafür, dass aus der Sicht der Betriebsmittel auf eine abgelaufene Produktionsperiode eine neue, mit ähnlichen Zielen und unter ähnlichen Bedingungen, ablaufen kann.

Die Schwerpunktsetzungen bestehen in der Kapazitätsentwicklung und der Zustandsentwicklung.

Die Kapazitätsentwicklung verfolgt die Zielstellungen:

➢ Abbau nicht benötigter Kapazität
➢ Erhalt der vorhandenen Kapazität
➢ Erweiterung der vorhandenen Kapazität

Die Zustandsentwicklung verfolgt die Zielstellungen:

➢ Vollständige Verschleißkompensation
➢ Unvollständige Verschleißkompensation

Die Kombination der Teilzielstellungen führt zu Erneuerungsstrategien. Solche sind:

➢ Vollständige reduzierte Anlagenerneuerung
➢ Unvollständige reduzierte Anlagenerneuerung
➢ Vollständige einfache Anlagenerneuerung
➢ Unvollständige einfache Anlagenerneuerung
➢ Vollständige erweiterte Anlagenerneuerung
➢ Unvollständige erweiterte Anlagenerneuerung

Aufgabe B.2.10	Berechnung des Bedarfs an Betriebsmitteln

BA GBWL
PW

Für die Fräserei eines Unternehmens soll geprüft werden, ob die vorhandenen 3 Fräsmaschinen ausreichend sind, um die geplanten, in der nachfolgenden Tabelle aufgeführten Aufträge im kommenden Monat zu realisieren.

Teilaufgaben:
1. Bestimmen Sie die Bedarfs- und Bestandswerte entsprechend der formulierten Teilzielstellungen:
   a) Bestimmen Sie den Auftragsbedarf.
   b) Bestimmen Sie den Zusatzbedarf.
   c) Bestimmen Sie den Einsatzbedarf.
   d) Bestimmen Sie den realen Betriebsmittelbestand.
   e) Bestimmen Sie den zahlenmäßigen Betriebsmittelbedarf und interpretieren Sie das Ergebnis.
2. Das Ergebnis der Teilaufgabe 1e) zeigt dem Produktionsmanagement Handlungsbedarf an. Vorrangige Zielstellung dabei ist die Realisierung des Produktionsprogramms mit den vorhandenen Betriebsmitteln. Die Formel zur Berechnung des zahlenmäßigen Betriebsmittelbedarfs zeigt, dass zwei der Variablen Ansatzpunkte zur Problemlösung bieten. Berechnen Sie für jede dieser Variablen, in jeweils welchem Umfang sie sich verändern müssen, damit die beiden Aufträge realisiert werden können. Gehen Sie davon aus, dass sowohl bei den Anforderungen durch das Produktionsprogramm als auch beim theoretischen Betriebsmittelbestand keine Veränderungen möglich sind. Interpretieren Sie Ihre Ergebnisse.

Gegeben:

Auftrags-nummer	Perioden-stückzahl n_a [Stück]	Losgröße n_L [Stück]	Zeit je Einheit t_e [min/Stück]	Rüstzeit t_r [min]
1	500	100	15	40
2	4000	200	10	27

Zuschlagssatz für zusätzliche Nutzung (z_{BZ})   5 %

Einsatzzeit der Betriebsmittel (ES)   8 Std./Schicht · BM

Anzahl der Schichten (S)   2 Schichten/Tag

Anzahl der Arbeitstage (AP)   20 Tage

Ausfallgrad der Betriebsmittel (G_{BAus})   14 %

Unterbrechungsgrad der Betriebsmittel (G_{BUbr})   6 %

Zeitgrad (ZG)   105 %

Formelsammlung (diese ist ebenfalls gegeben):

$T_{bB} = (t_{rB} + n_L \cdot t_{eB}) \cdot z_a$	
$p_B = \left(1 - \dfrac{G_{BAus}}{100\,\%}\right) \cdot \left(1 - \dfrac{G_{BUbr}}{100\,\%}\right)$	$n_B = \dfrac{C_{BE}}{q_{BR} \cdot \dfrac{ZG}{100\,\%}}$
$C_{BZ} = \dfrac{z_{BZ}}{100\,\%} \cdot C_{BA}$	$C_{BA} = \sum\limits_{i=1}^{m} T_{bB_i}$
$C_{BE} = C_{BA} + C_{BZ}$	$z_a = \dfrac{n_a}{n_L}$
$q_{BT} = ES \cdot S \cdot AP$	$q_{BR} = q_{BT} \cdot p_B$

Lösung B.2.10	Bild PW.B.2.(25)

1. Teilaufgabe

a) Bestimmung des Auftragsbedarfs C_{BA}

$$C_{BA} = \sum_{i=1}^{m} T_{bBi}$$

$$T_{bBi} = (t_{rB} + n_L \cdot t_{eB}) \cdot z_a$$

$$T_{bB1} = \left(40\,\text{min} + 100\,\text{Stück} \cdot 15\,\frac{\text{min}}{\text{Stück}}\right) \cdot \frac{500\,\text{Stück}}{100\,\text{Stück}} = 7700\,\text{min}$$

$$T_{bB2} = \left(27\,\text{min} + 200\,\text{Stück} \cdot 10\,\frac{\text{min}}{\text{Stück}}\right) \cdot \frac{400\,\text{Stück}}{200\,\text{Stück}} = 40540\,\text{min}$$

$$C_{BA} = 7700 + 40540 = 48240\,\text{min} = \underline{\underline{804\,\text{h}}}$$

b) Bestimmung des Zusatzbedarfs C_{BZ}

$$C_{BZ} = \frac{z_{BZ}}{100\,\%} \cdot C_{BA}$$

$$= \frac{5\,\%}{100\,\%} \cdot 48240\,min = 2412\,min = \underline{\underline{40,2\,h}}$$

c) Bestimmung des Einsatzbedarfs C_{BE}

$$C_{BE} = C_{BA} + C_{BZ}$$

$$= 48240\,min + 2412\,min$$

$$= 50652\,min = \underline{\underline{844,2\,h}}$$

d) Bestimmung des realen Betriebsmittelbestands q_{BR}

$$q_{BR} = q_{BT} \cdot p_B$$

$$q_{BT} = ES \cdot S \cdot AP$$

$$= 8\frac{h}{Schicht \cdot BM} \cdot 2\frac{Schichten}{d} \cdot 20\,d$$

$$= 320\frac{h}{BM} = \underline{19200\frac{min}{BM}}$$

$$p_B = \left(1 - \frac{G_{BAus}}{100\,\%}\right) \cdot \left(1 - \frac{G_{BUbr}}{100\,\%}\right)$$

$$= \left(1 - \frac{14\%}{100\,\%}\right) \cdot \left(1 - \frac{6\%}{100\,\%}\right)$$

$$= 0,86 \cdot 0,94 = \underline{0,8084}$$

$$q_{BR} = 19200\frac{min}{BM} \cdot 0,8084$$

$$= 15521,28\frac{min}{BM} = 258,688\frac{h}{BM}$$

e) Bestimmung des zahlenmäßigen BM-Bedarfs n_B und Interpretation

$$n_B = \frac{C_{BE}}{q_{BR} \cdot \dfrac{ZG}{100\,\%}} = \frac{50652\,\text{min}}{15521,28\,\dfrac{\text{min}}{\text{BM}} \cdot \dfrac{105\,\%}{100\,\%}}$$

$$= \underline{\underline{3,108\ \text{BM}}}$$

Die vorhandenen 3 Betriebsmittel reichen zur Realisierung des Produktionsprogramms nicht aus.

2. Teilaufgabe

$$n_B = \frac{C_{BE}}{q_{BR} \cdot \dfrac{ZG}{100\,\%}} = \frac{C_{BE}}{q_{BT} \cdot p_B \cdot \dfrac{ZG}{100\,\%}}$$

→ Möglichkeiten der Veränderungen des Zeitgrades ZG und Veränderung des Planungsfaktors p_B

$$ZG = \frac{C_{BE}}{q_{BR} \cdot n_B} \cdot 100\,\%$$

$$= \frac{50652\,\text{min}}{15521,28\,\dfrac{\text{min}}{\text{BM}} \cdot 3\ \text{BM}} \cdot 100\,\%$$

$$= \underline{\underline{108,78\,\%}}$$

Die Realisierung des geplanten Produktionsprogramms ist gesichert, wenn der Grad der Normerfüllung von 105 % auf mindestens 108,78 % (also um 3,78 %) erhöht wird.

$$p_B = \frac{C_{BE}}{q_{BT} \cdot n_B \cdot \dfrac{ZG}{100\,\%}}$$

$$= \frac{50652\,\text{min}}{19200\,\dfrac{\text{min}}{\text{BM}} \cdot 3 \cdot \dfrac{105\,\%}{100\,\%}}$$

$$= \underline{\underline{0,8375}}$$

Die Realisierung des geplanten Produktionsprogramms ist gesichert, wenn der nutzbare Teil des theoretischen Kapazitätsangebots um 2,91 % von 80,84 % auf mindestens 83,75 % angehoben wird.

B.3 Kapazität

Aufgabe B.3.1	Kapazitätsangebot und Kapazitätsbedarf

BA GBWL PW BA ABWL PW	Erläutern Sie die Begriffe Kapazität, Kapazitätsangebot und Kapazitätsbedarf. Kennzeichnen Sie die Bedeutung des Kapazitätsangebots unter spezieller Beachtung ihrer Wirkungsbedingungen in Handprozessen, Maschinenprozessen und automatischen Prozessen.

Lösung B.3.1	Bilder PW.B.3.(3) bis PW.B.3.(5)

Die Kapazität ist das Leistungsvermögen einer Produktiveinheit bzw. eines Produktionssystems in einem Zeitabschnitt, das durch die Wirkung der Potenzialfaktoren Arbeitskraft und Betriebsmittel entsteht.

Das Kapazitätsangebot ist die Kapazität, die zur Durchführung von Fertigungsaufgaben zur Verfügung steht.

Der Kapazitätsbedarf ist an ein Unternehmen gerichtet. Er wird durch den Erzeugnisbedarf der zu bedienenden Märkte bestimmt.

Dem quantitativen Kapazitätsbedarf (Zeitbedarf zur Lösung von Fertigungsaufgaben) steht ein quantitatives Kapazitätsangebot (verfügbares Quantum an Fertigungszeit) gegenüber.

Der qualitative Kapazitätsbedarf beinhaltet Forderungen z. B. nach Art der Fertigungsverfahren, fertigungstechnischen Möglichkeiten, Maßgenauigkeit und Formgenauigkeit der herzustellenden Produkte. Ihm steht ein qualitatives Kapazitätsangebot gegenüber. Es charakterisiert Art und Güte des Leistungsvermögens, differenziert nach erreichbarer Qualität und Fertigungsgenauigkeit.

Arbeitskraft und Betriebsmittel sind die Potenzialfaktoren, die die Kapazität bilden. Der Werkstoff ist nicht kapazitätsbildend. Er ist notwendige Voraussetzung dafür, dass die vorhandene Kapazität genutzt und produktiv wirksam gemacht werden kann und begründet damit den Kapazitätsbedarf.

Ausgehend vom Handprozess nimmt der Einfluss der Arbeitskräfte auf die Kapazitätsbildung über alle Prozesstypen bis hin zum automatischen Produktionsprozess ab. Der Einfluss des Betriebsmittels steigt.

Die technische Ausstattung bestimmt, ob der Kapazitätsbeitrag allein durch die Betriebsmittel (automatischer Prozess), allein durch die Arbeitskräfte (Handprozess) oder als Kombination des Wirkens von Arbeitskräften und Betriebsmitteln erbracht wird.

Aufgabe B.3.2	Kapazitätsbilanzierung

Was ist unter der Kapazitätsbilanzierung zu verstehen? Definieren Sie mögliche Ergebnisse der Kapazitätsbilanzierung und ihre ökonomische Bedeutung.

BA GBWL
PW

Lösung B.3.2	Bilder PW.B.3.(11) bis PW.B.3.(16)

Kapazitätsbilanzierung ist die Gegenüberstellung von Kapazitätsangebot und Kapazitätsbedarf einer betrieblichen Kapazitätseinheit. Dazu erfolgt die Subtraktion des Kapazitätsbedarfs vom Kapazitätsangebot. Das setzt voraus, dass beide Größen in demselben Maßstab dargestellt werden.

Bezeichnet man die Bilanzierungsergebnisse je Kapazitätseinheit mit d_{ij}, so sind folgende Ergebnisse zu unterscheiden:

1) $d_{ij} = 0$

Kapazitätsangebot und Kapazitätsbedarf sind gleich groß. Eine vollständige Bedarfsbefriedigung ist möglich.

2) $d_{ij} > 0$

Das Kapazitätsangebot ist größer als der Kapazitätsbedarf. Eine vollständige Bedarfsbefriedigung ist möglich. Es bleibt ein freies, zusätzlich nutzbares Kapazitätsangebot übrig.

3) $d_{ij} < 0$

Der Kapazitätsbedarf übersteigt das Kapazitätsangebot. Eine vollständige Bedarfsbefriedigung ist nicht möglich.

Aufgabe B.3.3	Kapazitätsbilanzierung

Ermitteln Sie für einen Monat die Kapazität der mechanischen Werkstatt eines Unternehmens und prüfen Sie, ob die vorgesehenen Aufträge realisierbar sind.
Leiten Sie ggf. Maßnahmen für die bedarfsgerechte Gestaltung der Kapazität ab!

BA GBWL
PW

Teilaufgaben:
1. Ermitteln Sie das Kapazitätsangebot für einen Monat.
2. Ermitteln Sie den Kapazitätsbedarf der Aufträge A, B, C, D.
3. Führen Sie eine Kapazitätsbilanzierung durch und stellen Sie das Ergebnis in einer Differenzmatrix dar.

4. Prüfen Sie die Realisierbarkeit der Aufträge anhand der Differenzmatrix. Treffen Sie eine erste Entscheidung, unter welcher Bedingung das Produktionsprogramm aus den Aufträgen A bis D realisierbar wäre und zeigen Sie die Wirkung Ihrer Entscheidung auf die Differenzmatrix.

Gegeben:

Das reale Kapazitätsangebot einer Arbeitskraft beträgt 150 h/Monat und das eines Betriebsmittels 450 h/Monat.

Die Werkstatt verfügt über Maschinenarbeitsplätze, die die Verfahren Drehen, Fräsen, Bohren realisieren und über zwei Handarbeitsplätze, an denen Montagearbeiten durchgeführt werden.

Die Anzahl der Arbeitskräfte und Betriebsmittel pro Kapazitätseinheit kann folgender Tabelle entnommen werden:

[Stück]	Drehen		Fräsen		Bohren		Montage	
	AK	BM	AK	BM	AK	BM	AK	BM
KE 1	4	2	2	2	1	1	2	-
KE 2	3	2	1	1	1	1	3	-
KE 3	5	3	-	1	-	-	-	-

Monatsstückzahlen n_k für die Aufträge:
A mit 100 Stück; B mit 200 Stück; C mit 800 Stück, D mit 300 Stück

Der Zeitbedarf beträgt:

T_{ijk} [h/Stück]	Drehen				Fräsen			
	A	B	C	D	A	B	C	D
KE 1	1	0,5	1	1	-	1	-	-
KE 2	-	1	-	0,5	1	-	2	-
KE 3	1	-	-	-	-	-	-	0,5

T_{ijk} [h/Stück]	Bohren				Montage			
	A	B	C	D	A	B	C	D
KE 1	-	1	-	-	2	1	-	1
KE 2	1	-	2	-	1	2	-	-
KE 3	-	-	-	-	-	-	-	-

Lösung B.3.3	

1. Teilaufgabe

Kapazitätsangebot der Arbeitskräfte und Betriebsmittel

$ZF_{AK} = $ Anzahl AK $\cdot\ q_{MR}$

$ZF_{BM} = $ Anzahl BM $\cdot\ q_{BR}$

Matrix des Zeitfonds der Kapazitätsangebote der Arbeitkräfte und Betriebsmittel:

ZF_{AKij} / ZF_{BMij} [h] / [h]	Drehen		Fräsen		Bohren		Montage	
	AK	BM	AK	BM	AK	BM	AK	BM
KE 1	600	900	300	900	150	450	300	-
KE 2	450	900	150	450	150	450	450	-
KE 3	750	1350	-	450	-	-	-	-

Kapazitätsangebot der Kapazitätseinheiten

a) Für mechanisierte Prozesse:

$ZF_{KA} = ZF_{BM}$, wenn $ZF_{BM} \leq ZF_{AK}$

$ZF_{KA} = ZF_{AK}$, wenn $ZF_{AK} \leq ZF_{BM}$

b) Für Handprozesse:

$ZF_{KA} = ZF_{AK}$

Matrix des Kapazitätsangebots der Kapazitätseinheiten:

ZF_{KAij} [h]	Drehen	Fräsen	Bohren	Montage
KE 1	600	300	150	300
KE 2	450	150	150	450
KE 3	750	-	-	-

2. Teilaufgabe

Kapazitätszeitbedarf der Aufträge

$$KB_{Z_{ij}} = \sum T_{ijk} \cdot n_k$$

Matrix des Kapazitätsbedarfs pro Kapazitätseinheit:

KB_{Zij} [h]	Drehen	Fräsen	Bohren	Montage
KE 1	1300	200	200	700
KE 2	350	1700	1700	500
KE 3	100	150	-	-

3. Teilaufgabe

Differenzmatrix

$$D_{ij} = ZF_{KA_{ij}} - KB_{Z_{ij}}$$

Differenzmatrix:

D_{ij} [h]	Drehen	Fräsen	Bohren	Montage
KE 1	-700	100	-50	-400
KE 2	100	-1550	-1550	-50
KE 3	650	-150	-	-

4. Teilaufgabe

Das beabsichtigte Produktionsprogramm der Aufträge A bis D ist nicht realisierbar. Bei den Arbeitsplätzen Fräsen und Bohren sind erhebliche Fehlkapazitäten zu verzeichnen.
Entscheidung: Auftrag C ablehnen oder zurückstellen

Wirkung auf den Kapazitätsbedarf
Matrix des Kapazitätsbedarfs pro Kapazitätseinheit nach Ablehnung von Auftrag C:

$KB_{Zij\,neu}$ [h]	Drehen	Fräsen	Bohren	Montage
KE 1	500	200	200	700
KE 2	350	100	100	500
KE 3	100	150	-	-

Wirkung auf die Kapazitätsbilanz

Differenzmatrix nach Ablehnung von Auftrag C:

$D_{ij\ neu}$ [h]	Drehen	Fräsen	Bohren	Montage
KE 1	100	100	-50	-400
KE 2	100	50	50	-50
KE 3	650	-150	-	-

Aufgabe B.3.4	Bedarfsgerechte Gestaltung der Kapazität

Welche Aufgabe ist durch die bedarfsgerechte Gestaltung der Kapazität zu lösen? Nennen Sie die realisierbaren Maßnahmen. Welche Gestaltungsmöglichkeiten bestehen für das Bilanzierungsergebnis $d_{ij} < 0$?	BA GBWL PW

Lösung B.3.4		Bild PW.B.3.(17)

Die Aufgabe der bedarfsgerechten Gestaltung der Kapazität besteht in der Angleichung des Zeitfonds des Kapazitätsangebots und des Kapazitätszeitbedarfs je Kapazitätseinheit, um eine bestmögliche Bedarfsbefriedigung abzusichern.

Die durchzuführenden Maßnahmen sind entweder auf eine

➢ Änderung des Kapazitätsangebots

- Erhöhung des Kapazitätsangebots
- Senkung des Kapazitätsangebots
- Umstrukturierung des Kapazitätsangebots

oder eine

➢ Änderung des Kapazitätsbedarfs

- Erhöhung des Kapazitätsbedarfs
- Senkung des Kapazitätsbedarfs
- Umstrukturierung des Kapazitätsbedarfs

gerichtet.

Die für $d_{ij} < 0$ zu realisierenden Maßnahmen lauten: Senkung des Kapazitätsbedarfs und / oder Steigerung des Kapazitätsangebots durch Steigerung des Zeitfonds der Arbeitskräfte oder Steigerung des Zeitfonds der Betriebsmittel oder Steigerung des Zeitfonds der Arbeitskräfte und der Betriebsmittel.

Aufgabe B.3.5	Bedarfsgerechte Gestaltung der Kapazität

BA GBWL
PW

Ein metallverarbeitendes Unternehmen beschäftigt in seinem Produktionsbereich 25 Arbeiter und verfügt über 12 Maschinen, die zweischichtig ausgelastet werden. Für einen gegebenen Planzeitraum ist eine Kapazitätsbilanzierung durchzuführen.

Das Unternehmen verfügt über eine Teilefertigung (Abteilung 1 mit 3 Kapazitätseinheiten) und eine Vormontage (Abteilung 2 mit 2 Kapazitätseinheiten). Für jede der 5 Kapazitätseinheiten sind die Anzahl der Arbeitskräfte und die Maschinenzahl in der Tabelle 1 angegeben. Die Tabelle 2 weist aus, wie die Erzeugnisse, die im Planzeitraum herzustellen sind, die 5 Kapazitätseinheiten insgesamt belasten.

Teilaufgaben:

1. Führen Sie für die 5 Kapazitätseinheiten der Abteilungen 1 und 2 eine Kapazitätsbilanzierung durch. Weisen Sie dabei für die einzelnen Kapazitätseinheiten aus:
   a) Kapazitätsangebot der Arbeitskräfte
   b) Kapazitätsangebot der Betriebsmittel
   c) Kapazitätsangebot der Kapazitätseinheiten
   d) Verlustzeitmatrix
   e) Differenzmatrix
2. Schlagen Sie konkrete Maßnahmen vor, damit das Produktionsprogramm wie vorgesehen im Planungszeitraum realisiert werden kann. Zeigen Sie die Wirkungen der einzelnen Maßnahmen auf die Differenzmatrix.

Gegeben:

Tabelle 1: Anzahl der Potenzialfaktoren

[Stück]	Abteilung 1		Abteilung 2	
	AK	BM	AK	BM
KE 1	4	2	7	3
KE 2	7	3	5	2
KE 3	2	2	-	-

Tabelle 2: Kapazitätsbedarf im Planzeitraum

KB_{zij} [h]	Abteilung 1	Abteilung 2
KE 1	612	718
KE 2	668	562
KE 3	384	-

Außerdem sind folgende Angaben gegeben:

> Planzeitraum   20 Tage
> Arbeitszeit der AK   8 Stunden pro Tag
> Arbeitszeit der BM   8 Stunden pro Tag und Schicht
> Planungsfaktor   0,8
> (für AK und BM)

Es kann davon ausgegangen werden, dass nur innerhalb einer Abteilung ein Teile-austausch zwischen den Kapazitätseinheiten möglich ist. Die Arbeitskräfte sind im gesamten Unternehmen flexibel einsetzbar.

Formelsammlung:

$q_{MT} = AT \cdot AP$	$q_{BT} = ES \cdot S \cdot AP$
$q_{MR} = q_{MT} \cdot p_M$	$q_{BR} = q_{BT} \cdot p_B$

Lösung B.3.5	

1. Teilaufgabe

a) Kapazitätsangebot der Arbeitskräfte

$$ZF_{AK} = \text{Anzahl AK} \cdot q_{MR}$$

$$q_{MR} = q_{MT} \cdot p_M$$

$$= 20\,d \cdot 8\,\frac{h}{d} \cdot 0,8 = \underline{\underline{128\,h}}$$

Matrix des Kapazitätsangebots der Arbeitskräfte:

ZF_{AKij} [h]	Abteilung 1	Abteilung 2
KE 1	512	896
KE 2	896	640
KE 3	256	-

b) Kapazitätsangebot der Betriebsmittel

$$ZF_{BM} = \text{Anzahl BM} \cdot q_{BR}$$

$$q_{BR} = q_{BT} \cdot p_B$$

$$= 20\,d \cdot 8\,\frac{h}{d \cdot \text{Schicht}} \cdot 2\,\text{Schichten} \cdot 0,8 = \underline{\underline{256\,h}}$$

Matrix des Kapazitätsangebots der Betriebsmittel:

ZF_{BMij} [h]	Abteilung 1	Abteilung 2
KE 1	512	768
KE 2	768	512
KE 3	512	-

c) Kapazitätsangebot der Kapazitätseinheiten

$ZF_{KA} = ZF_{BM}$, wenn $ZF_{BM} \leq ZF_{AK}$

$ZF_{KA} = ZF_{AK}$, wenn $ZF_{AK} \leq ZF_{BM}$

$ZF_{KA} = ZF_{AK} = ZF_{BM}$, wenn $ZF_{AK} = ZF_{BM}$

Matrix des Kapazitätsangebots der Kapazitätseinheiten:

ZF_{KAij} [h]	Abteilung 1	Abteilung 2
KE 1	512	768
KE 2	768	512
KE 3	256	-

d) Verlustzeiten

$$V_{ij} = ZF_{AK_{ij}} - ZF_{BM_{ij}}$$

Matrix der Verlustzeiten:

V_{ij} [h] / [Stück]	Abteilung 1		Abteilung 2	
KE 1	0	0	+128	+1
KE 2	+128	+1	+128	+1
KE 3	-256	-2	-	-

e) Differenzmatrix

$$D_{ij} = ZF_{KA_{ij}} - KB_{Z_{ij}}$$

Differenzmatrix:

D_{ij} [h]	Abteilung 1	Abteilung 2
KE 1	-100	+50
KE 2	+100	-50
KE 3	-128	-

2. Teilaufgabe

Maßnahmen:

> ➤ Umsetzung von Arbeitskräften in der Abteilung 1:
>> • 1 AK von KE_{21} nach KE_{31}
>>> Wirkung in KE_{21}: keine
>>> Wirkung in KE_{31}: Erhöhung ZF_{KA} um 128 h; $D_{31} = 0$

> ➤ Verlagerung von Aufträgen:
>> • im Umfang von 100 h von KE_{11} nach KE_{21} (Abteilung 1)
>>> Wirkung in KE_{11}: Senkung von KB_Z um 100 h; $D_{11} = 0$
>>> Wirkung in KE_{21}: Erhöhung von KB_Z um 100 h; $D_{21} = 0$

>> • im Umfang von 50 h von KE_{22} nach KE_{12} (Abteilung 2)
>>> Wirkung in KE_{22}: Senkung KB_Z um 50 h; $D_{22} = 0$
>>> Wirkung in KE_{12}: Erhöhung KB_Z um 50 h; $D_{12} = 0$

Aufgabe B.3.6	Bedarfsgerechte Gestaltung der Kapazität

Die Teilefertigung eines Unternehmens besteht aus drei Werkstätten (W 1 bis W 3) mit jeweils drei Kapazitätseinheiten (KE 1 bis KE 3). In allen Werkstätten werden maschinisierte Prozesse ausgeführt. Analysieren Sie auf der Grundlage der nachfolgenden Angaben die Kapazitätssituation dieser Teilefertigung im Planjahr und leiten Sie darauf aufbauend Maßnahmen zum Ausgleich der Kapazitätsbilanz ab. Gehen Sie dabei entsprechend der formulierten Teilaufgabenstellungen vor. Der jährlich verfügbare Kapazitätsbestand einer Arbeitskraft (AK) beträgt 1800 Stunden, der eines Betriebsmittels (BM) 5400 Stunden.

BA GBWL
PW

Teilaufgaben:
1. Führen Sie eine Kapazitätsbilanzierung in der dafür notwendigen Schrittfolge durch. (Der Rechenweg muss erkennbar sein.)
2. Welche unterschiedlichen Situationen können im Ergebnis der Kapazitätsbilanzierung ausgewiesen werden? Wie sind diese hinsichtlich der Kapazitätsauslastung der einzelnen Kapazitätseinheiten sowie der Realisierung des Produktionsprogramms zu werten?
3. Leiten Sie aus der dargestellten Situation Maßnahmen zur bedarfsgerechten Gestaltung der Kapazität ab. Stellen Sie dazu die Verlustzeitmatrix auf.
   Zeigen Sie die Wirkung der Maßnahmen in den betroffenen Kapazitätseinheiten.

Vorrangige Zielstellung der gestaltenden Maßnahmen ist die vollständige Realisierung des Produktionsprogramms. Nutzen Sie dazu betriebsinterne Möglichkeiten. Gehen Sie davon aus, dass die Kapazitätseinheiten innerhalb einer Werkstatt aus technisch / technologischer Sicht miteinander vergleichbar sind.

4. Systematisieren Sie die grundsätzlich möglichen Maßnahmen zur bedarfsgerechten Gestaltung der Kapazität.

Ordnen Sie Ihre Maßnahmen aus Teilaufgabe 3 dieser Systematik zu und nennen Sie für die aus der Aufgabe nicht belegten Maßnahmen je ein weiteres Beispiel.

Gegeben:

Zahlenmäßiger Bestand an Arbeitskräften und Betriebsmitteln:

[Stück]	W 1		W 2		W 3	
	AK	BM	AK	BM	AK	BM
KE 1	6	2	20	6	17	3
KE 2	8	3	8	2	5	1
KE 3	16	6	16	6	5	5

Kapazitätsbedarf des Jahresproduktionsprogramms:

KB_{zij} [h]	W 1	W 2	W 3
KE 1	14800	32400	16200
KE 2	13400	16200	5400
KE 3	25800	23400	27000

Lösung B.3.6	Bild PW.B.3.(12)
	Bilder PW.B.3.(19), PW.B.3.(20), PW.B.3.(22), PW.B.3.(23)

1. Teilaufgabe

Kapazitätsangebot der Arbeitskräfte und Betriebsmittel

ZF_{AK} = Anzahl AK $\cdot$ q_{MR}

ZF_{BM} = Anzahl BM $\cdot$ q_{BR}

Matrix des Zeitfonds der Kapazitätsangebote der Arbeitkräfte und Betriebsmittel:

ZF_{AKij} / ZF_{BMij} [h] / [h]	W 1		W 2		W 3	
	AK	BM	AK	BM	AK	BM
KE 1	10800	10800	36000	32400	30600	16200
KE 2	14400	16200	14400	10800	9000	5400
KE 3	28800	32400	28800	32400	9000	27000

Kapazitätsangebot der Kapazitätseinheiten

Maschinisierte Prozesse:

$$ZF_{KA} = ZF_{BM}, \text{ wenn } ZF_{BM} \leq ZF_{AK}$$

$$ZF_{KA} = ZF_{AK}, \text{ wenn } ZF_{AK} \leq ZF_{BM}$$

Matrix des Kapazitätsangebots der Kapazitätseinheiten:

ZF_{KAij} [h]	W 1	W 2	W 3
KE 1	10800	32400	16200
KE 2	14400	10800	5400
KE 3	28800	28800	9000

Differenzmatrix

$$D_{ij} = ZF_{KA_{ij}} - KB_{Z_{ij}}$$

Differenzmatrix:

D_{ij} [h]	W 1	W 2	W 3
KE 1	-4000	0	0
KE 2	1000	-5400	0
KE 3	3000	5400	-18000

2. Teilaufgabe

Die Lösung dieser Teilaufgabe kann dem Bild PW.B.3(12) des Lehrbuchs entnommen werden.

3. Teilaufgabe

V_{ij} [h] / [Stück]	W 1		W 2		W 2	
KE 1	0	0	3600	+2	14400	+8
KE 2	-1800	-1	3600	+2	3600	+2
KE 3	-2600	-2	-3600	-2	-18000	-10

Maßnahmen zur bedarfsgerechten Gestaltung der Kapazität

➢ Umsetzung von Arbeitskräften innerhalb der Werkstatt 3:
 - 8 AK von KE_{13} nach KE_{33}
   Wirkung in KE_{13}: keine
   Wirkung in KE_{33}: Erhöhung ZF_{KA} um 14400 h; $D_{33} = -3600$
 - 2 AK von KE_{23} nach KE_{33}
   Wirkung in KE_{23}: keine
   Wirkung in KE_{33}: Erhöhung ZF_{KA} um 3600 h; $D_{33} = 0$

➢ Verlagerung von Aufträgen:
 - im Umfang von 1000 h von KE_{11} nach KE_{21} (Werkstatt 1)
   Wirkung in KE_{11}: Senkung von KB_Z um 1000 h; $D_{11} = -3000$
   Wirkung in KE_{21}: Erhöhung von KB_Z um 1000 h; $D_{21} = 0$
 - im Umfang von 3000 h von KE_{11} nach KE_{31} (Werkstatt 1)
   Wirkung in KE_{11}: Senkung KB_Z um 3000 h; $D_{11} = 0$
   Wirkung in KE_{31}: Erhöhung KB_Z um 3000 h; $D_{31} = 0$
 - im Umfang von 5400 h von KE_{22} nach KE_{32} (Werkstatt 2)
   Wirkung in KE_{22}: Senkung KB_Z um 5400 h; $D_{22} = 0$
   Wirkung in KE_{32}: Erhöhung KB_Z um 5400 h; $D_{32} = 0$

4. Teilaufgabe

Die Systematik der grundsätzlich möglichen Maßnahmen ist dem Bild PW.B.3.(17) des Lehrbuchs zu entnehmen.

Die Maßnahmen aus Teilaufgabe 3 sind der Umstrukturierung des Kapazitätsangebots (Umsetzung von Arbeitskräften) und der Umstrukturierung des Kapazitätsbedarfs (Verlagerung von Aufträgen) zuzuordnen.

Beispiele für die nicht belegten möglichen Maßnahmen sind:

➢ Erhöhung des Kapazitätsangebots: Überstunden, Personaleinstellung
➢ Senkung des Kapazitätsangebots: Abbau von Überstunden, Kurzarbeit
➢ Erhöhung des Kapazitätsbedarfs: Zusätzliche Übernahme von Aufträgen
➢ Senkung des Kapazitätsbedarfs: Vergabe von Aufträgen an Fremdfirmen

Weitere Beispiele werden im Lehrbuch mit den Bildern PW.B.4.(19), PW.B.4.(20) sowie PW.B.4.(22) und PW.B.4.(23) gegeben.

B.4 Repetierfaktor Werkstoff

Aufgabe B.4.1	Vergleich der Elementarfaktoren

Charakterisieren Sie den Elementarfaktor Werkstoff und vergleichen Sie ihn mit den Elementarfaktoren Arbeitskraft und Betriebsmittel.

BA GBWL
PW
BA GBWL
MAWI

Lösung B.4.1	Bild PW.B.4.(2)

Der Elementarfaktor Werkstoff ist im Gegensatz zu den Elementarfaktoren Arbeitskraft und Betriebsmittel, die Potenzialfaktoren darstellen, zu den Repetierfaktoren (Verbrauchsfaktoren) zu zählen. Das heißt, er wird in der Produktion zur Herstellung von Erzeugnissen verbraucht und muss stets für die weiterführende Produktion neu beschafft werden.

Arbeitskraft und Betriebsmittel fungieren lang- bzw. mittelfristig im Produktionsprozess. Sie verändern ihre Naturalform im Gegensatz zum Werkstoff über die Nutzungsphase nicht.

Inhaltliche Bestandteile der Verbrauchsfaktoren sind Material und Handelswaren. Material besteht aus den Bestandteilen:

➢ Werkstoffe
➢ Hilfsstoffe
➢ Betriebsstoffe

Inhaltliche Bestandteile der Werkstoffe sind:

➢ Rohstoffe
➢ Halbzeuge
➢ Halbfabrikate
➢ Normteile

Betriebsstoffe gehen stofflich nicht in die Erzeugnisse ein, sind aber Voraussetzung für die Durchführung des Produktionsprozesses. Hilfsstoffe unterliegen ebenfalls der Be- und Verarbeitung. Sie gehen in das Produkt ein, spielen aber aus wert- und mengenmäßiger Sicht eine untergeordnete Rolle.

Repetierfaktoren sind Voraussetzungen für die Nutzung von Kapazitäten, können selbst aber keine Kapazitäten bilden.

Eine ausführliche Gegenüberstellung der Elementarfaktoren findet sich in Bild PW.B.4.(2) des Lehrbuchs.

Aufgabe B.4.2	Zeitermittlung und Ablaufarten

BA GBWL PW	Begründen Sie die Notwendigkeit der Zeitermittlung für den Werkstoff bzw. den Arbeitsgegenstand und erläutern Sie die definierten Ablaufarten bezogen auf den Arbeitsgegenstand.

Lösung B.4.2	Bild PW.B.4.(3)

Wie für die Arbeitskräfte und die Betriebsmittel besteht auch für den Arbeitsgegenstand die Notwendigkeit, die Zeit für sein Verweilen in dem Unternehmen zu ermitteln. Im Gegensatz zu den Ablaufarten für die Zeitermittlung von Arbeitskraft bzw. Betriebsmittel sind die Ablaufarten für den Arbeitsgegenstand anders definiert:

➤ Verändern, unterteilt in:
  - Einwirken
  - Fördern
  - Zusätzliches Verändern

➤ Prüfen

➤ Liegen unterteilt in:
  - Ablaufbedingtes Liegen
  - Zusätzliches Liegen

➤ Lagern

Um eine Zeitermittlung des Durchlaufs des Arbeitsgegenstands vornehmen zu können, muss folglich eine Analyse des Prozesses in Bezug auf den Arbeitsgegenstand bzw. Werkstoff und damit eine Bestimmung der gesamten Ablaufschritte vorgenommen werden. Diese sind anschließend mit Zeiten zu bewerten.

Aufgabe B.4.3	Materialwirtschaft

BA GBWL PW BA GBWL MAWI	Erläutern Sie die Bedeutung der Materialwirtschaft und nennen Sie die Hauptfunktionen der Materialwirtschaft.

Lösung B.4.3	Bild PW.B.4.(5)

Die Materialwirtschaft konzentriert sich auf den Prozess der Beschaffung des Elementarfaktors Werkstoff. Die Materialwirtschaft ist damit verantwortlich für die

> artgerechte,
> mengengerechte,
> termingerechte,
> ortsgerechte und
> kostenoptimale

Versorgung des Unternehmens mit Repetierfaktoren. Die hohe Bedeutung der Materialwirtschaft liegt u. a. in dem industriezweigabhängigen Materialkostenanteil an den Selbstkosten begründet. Über eine Veränderung des Materialkostenanteils kann eine direkte Beeinflussung des Betriebsergebnisses erzielt werden.

Als Hauptfunktionen der Materialwirtschaft sind anzuführen:

> Materialbedarfsermittlung
> Materialdisposition
> Materialbeschaffung / Einkauf
> Materialbevorratung / Lagerung
> Entsorgung

Aufgabe B.4.4	Materialbedarfsermittlung

Charakterisieren Sie die Materialbedarfsarten und nennen Sie Methoden der Materialbedarfsermittlung.

BA GBWL
PW
BA GBWL
MAWI

Lösung B.4.4	Bilder PW.B.4.(6) bis PW.B.4.(8)

Ausgangspunkt der Materialbedarfsermittlung ist stets das zu produzierende Produktionsprogramm. Je nach Voraussetzungen und nach Ergebniserwartungen können unterschiedliche Methoden zur Ermittlung des Materialbedarfs angewandt werden. Unterschieden wird in:

> Deterministische Materialbedarfsermittlung
> Stochastische Materialbedarfsermittlung
> Heuristische Materialbedarfsermittlung

Je nach eingesetzter Methode sind der Ermittlungsaufwand und die Genauigkeit der Ergebnisse unterschiedlich hoch.

Grundlage für die Materialbedarfsermittlung bilden die Materialbedarfsarten, die aus Sicht des Erzeugnisses und unter Berücksichtigung der Lagerbestände unterteilt werden in:

➢ Primär- bzw. Marktbedarf
➢ Sekundärbedarf
➢ Tertiärbedarf

und

➢ Bruttobedarf
➢ Nettobedarf

Der Markt- bzw. Primärbedarf beinhaltet Fertigerzeugnisse, deren Absatz Nachfrage befriedigt. Aus dieser Menge leitet sich mit der deterministischen Methode durch Erzeugnisauflösung (Stücklistenauflösung) der Bedarf an Baugruppen und Einzelteilen ab, der als Sekundärbedarf bezeichnet wird.

Die dritte Bedarfsart, der Tertiärbedarf, gibt den Bedarf an Betriebs- und Hilfsstoffen an.

Aus Sicht des Lagerbestands muss beachtet werden, dass neben dem noch vorhandenen Lagerbestand, der sich mindernd auf den Sekundärbruttobedarf auswirkt, auch so genannte Bestellbestände (d. h. noch ausstehende Bestellungen) berücksichtigt werden müssen.

Sekundärbedarfserhöhend wirken sich Zusatzbedarfe aus, das sind Baugruppen, Teile u. a., die nur noch körperlich im Lager vorhanden, aber für den betreffenden Auftrag nicht mehr zur Verfügung stehen (Vormerkung für andere Aufträge, Abgaben an Kunden usw.).

Der Nettosekundärbedarf bestimmt die Produktionsmenge.

Aufgabe B.4.5	Materialanalyse

BA GBWL
PW
BA GBWL
MAWI

Nennen Sie fünf Methoden der Materialanalysen.
Charakterisieren Sie die damit verfolgten Ziele.

Lösung B.4.5	Bild PW.B.4.(13)

Als Methoden der Materialanalyse sind zu unterscheiden:

➢ ABC-Analyse
➢ XYZ-Analyse
➢ GMK-Analyse
➢ Wertanalyse
➢ Make or Buy-Analyse

Die ABC-Analyse untersucht das Wert-Mengen-Verhältnis benötigter Materialarten.
Die XYZ-Analyse untersucht die Materialarten nach Vorhersagegenauigkeit und Verbrauchswert.
Die GMK-Analyse untersucht die Materialarten nach Größe und Formkompliziertheit.
Die Wertanalyse verfolgt das Ziel der Durchdringung von Funktionsstrukturen von Erzeugnissen, um Wertsteigerungen bzw. Kostensenkungen zu erzielen.
Die Make or Buy-Analyse untersucht die Zweckmäßigkeit der Eigenproduktion bzw. der Beschaffung von Gütern (Fremdbezug).

Aufgabe B.4.6	Materialbevorratung / Lagerung

Was verstehen Sie unter einer Materialbestandsänderung? Welche Arten von Materialbestandsänderungen sind zu unterscheiden? Wodurch werden sie veranlasst?	BA GBWL PW BA GBWL MAWI

Lösung B.4.6	Bild PW.B.4.(33)

Die Materialbestandsänderung umfasst alle Bewegungen, die den Materialbestand in seiner Höhe verändern. Sie werden insbesondere durch die Produktionsplanung und -steuerung sowie den Absatz und die Beschaffung veranlasst.

Es sind zu unterscheiden:

➢ Körperliche Bestandsänderungen mit realisierten Lagergutbewegungen
  Dazu gehören Materialzugänge, die den Bestand erhöhen und Materialabgänge, die den Bestand senken.

➢ Nicht körperliche Bestandsänderungen, die zukünftig Lagergutbewegungen auslösen werden
  Dazu zählen Beschaffungen, Reservierungen und Stornierungen.

Aufgabe B.4.7	Materialdisposition

Erläutern Sie den Inhalt der Materialdisposition und nennen Sie Verfahren zur Disposition des Materialbedarfs.

Lösung B.4.7	Bilder PW.B.4.(19) bis PW.B.4.(21)

Die Materialdisposition beinhaltet in der Hauptsache die

➢ Ermittlung der Bestellmengen je Bedarfsposition,
➢ Ermittlung der Bestellzeitpunkte je Bedarfsposition und die
➢ Entscheidungen über Eigenfertigung und Fremdbezug (Make or Buy-Ent-scheidung).

Unterschieden wird in

➢ bedarfsgesteuerte Dispositionsverfahren und
➢ verbrauchsgesteuerte Dispositionsverfahren.

Die bedarfsgesteuerte Disposition besteht aus der plangesteuerten und der auf-tragsgesteuerten Disposition, wobei die plangesteuerte Disposition sich auf den Produktionsplan bezieht und somit zur Folge niedrige Sicherheitsbestände sowie genaue Bestellmengen und Bestellzeitpunkte hat.

Die auftragsgesteuerte Disposition gliedert sich in Einzelbedarfs- und Sammel-bedarfsdisposition.

Einzelbedarfsdisposition beinhaltet die Beschaffung von hochwertigen Materialien für die Einzelfertigung und hat somit selten Lagerbestände zu verzeichnen.

Die Sammeldisposition fasst den Bedarf für mehrere Aufträge zusammen und führt somit häufig zu Lagerbeständen.

Die verbrauchsgesteuerte Disposition legt für Entscheidungen der Bestellmengen und -termine Vergangenheitswerte des Bedarfs zugrunde. Infolge der Ungewiss-heit des zukünftigen Bedarfs ist es erforderlich, mit Sicherheitsbeständen zu arbei-ten. Durch die notwendige Lagerhaltung wird die verbrauchsgesteuerte Disposition über das Bestellpunkt- oder das Bestellrhythmusverfahren realisiert.

Aufgabe B.4.8	Beschaffungslosgröße und Beschaffungsmenge

	BA GBWL
Nennen Sie Ziel und Methoden zur Bestimmung von kostengünstigen Beschaffungslosgrößen und charakterisieren Sie die inhaltlichen Vorgehensweisen.	MAWI BA ABWL PW

Lösung B.4.8		Bild PW.B.4.(11)

Ziel der Berechnung kostengünstiger Beschaffungsmengen ist es, die Kosteneinflussfaktoren, die gegenläufige Tendenzen aufweisen, zu bestimmen und das dadurch auftretende Optimierungsproblem zu lösen. Kostenarten, die sich bei steigenden Stückzahlen gegenläufig verhalten, sind

➢ Lagerungskosten und
➢ Bestellkosten.

Dabei sind die Bestimmungsmethoden in 2 Gruppen zu unterteilen:

➢ Statische Verfahren
Diese Verfahren beinhalten in Anlehnung an die ANDLER'sche Fertigungslosgrößenberechnung die „Berechnung der kostenoptimalen Beschaffungsmengen". Voraussetzung für die Berechnung ist, dass alle benötigten Daten, wie z. B. Einstandspreis, Bedarfsmenge, für den betrachteten Berechnungszeitraum bekannt und konstant sind.

➢ Dynamische Verfahren
  • Kostenausgleichsverfahren
  • Gleitendes Bestellmengenverfahren
  • Wagner-Within-Algorithmus u. a.
Diese Lösungsverfahren sind Näherungsverfahren. Die zu realisierende Bestellmenge wird wie bei den statischen Verfahren durch den Vergleich der Bestell- und Lagerkosten der einzelnen Perioden ermittelt. Somit wird eine schrittweise Annäherung an die optimale Bestellmenge erreicht.

Aufgabe B.4.9	Materialbeschaffung und Einkauf

BA GBWL MAWI	Nennen Sie Beschaffungsprinzipien und unterscheiden Sie sie nach ihren Zielorientierungen.

Lösung B.4.9	

Ziel jeder Materialbeschaffung ist es, dafür zu sorgen, dass alle benötigten Materialien (Werkstoffe, Einzelteile usw.) termin- und bedarfsgerecht dem Produktionsprozess zur Verfügung stehen und dies unter Beachtung ökonomischer Prämissen wie z. B. der Minimierung der Kapitalbindung und der Lagerkosten. Um diesem Anspruch gerecht zu werden, unterscheidet man drei grundsätzliche Beschaffungsprinzipien:

➢ Einzelbeschaffung
➢ Vorratsbeschaffung
➢ Fertigungssynchrone Beschaffung

In Abhängigkeit von den Materialkosten und anderen Faktoren können verschiedene Materialarten in einem Unternehmen nach verschiedenen Prinzipien beschafft werden und somit Vor- und Nachteile der einzelnen Beschaffungsprinzipien gegeneinander abgewogen werden.

Aufgabe B.4.10	Materialbevorratung und Lagerung

BA GBWL MAWI	Welche Vorgänge beinhaltet die Materialbevorratung? Benennen Sie die Gesichtspunkte der Materiallagerung.

Lösung B.4.10	Bilder PW.B.4.(29), PW.B.4.(30)

Die Materialbevorratung kann in die Vorgänge

➢ Materialeingang,
➢ Materiallagerung und
➢ Materialabgang

unterteilt werden.

Dabei beinhaltet der Materialeingang alle Tätigkeiten, die mit dem Eintritt des Materials in das Unternehmen verbunden sind, z. B.:

➢ Identifikation des Materials
➢ Prüfung des Materials auf Quantität und Qualität
➢ Dokumentation des Materials

Die Materiallagerung kann nach folgenden Gesichtspunkten unterteilt werden:

➢ Lagerfunktionen:
- Ausgleichsfunktion
- Überbrückungsfunktion
- Bereitstellungsfunktion
- Sicherungsfunktion
- Veredelungsfunktion
- Aussortierungsfunktion
- Kostensenkungsfunktion

➢ Art der eingelagerten Güter:
- Wareneingangslager
- Zwischenlager
- Fertigwarenlager

➢ Lagerstandort:
- Zentrales Lager
- Dezentrales Lager

Materialabgänge können nach Art der Materialien durch Anforderung der Produktion oder der Kunden begründet sein. Notwendigerweise ist mit diesen Materialbewegungen eine Dokumentation verbunden, die die Verrechnung der Materialkosten auf die Erzeugnisse ermöglicht.

Aufgabe B.4.11	Lagerbestand

Worin besteht die Notwendigkeit der Materiallagerung? Definieren Sie Lagerbestandsarten.	BA GBWL MAWI

Lösung B.4.11	Bilder PW.B.4.(38), PW.B.4.(39)

Da in vielen Fällen Beschaffung und Verbrauch einer Materialart nicht genau aufeinander abzustimmen sind, ist für diese Materialarten eine Lagerung notwendig. Diese Notwendigkeit führt zu Materialbeständen, die auf die Ökonomie des betrachteten Prozesses einwirken. Die Aufgabe besteht darin, die Materialbestände so günstig zu wählen, dass eine möglichst niedrige Kapitalbindung das Ergebnis ist, jedoch immer in einem bestimmten Umfang eine Lieferbereitschaft garantiert wird. Beide Faktoren verhalten sich gegenläufig, so dass eine Optimierung erfolgen sollte.

Um genaue Aussagen über die Lagersituation zu gewährleisten, sind verschiedene Materialbestandsarten definiert:

➢ Lagerbestand ist der zu einem bestimmten Zeitpunkt in Art und Menge körperlich in einem Lager vorhandene Materialbestand.

➢ Sicherheitsbestand ist der Materialbestand, der benötigt wird, um eventuelle Schwankungen in der Produktion, der Anlieferung usw. ausgleichen zu können.

➢ Meldebestand ist die ermittelte Materialmenge am Lager, bei deren Erreichen eine neue Bestellung ausgelöst werden muss.

➢ Höchstbestand ist eine vom Unternehmen definierte Menge, die von der entsprechenden Materialart höchstens im Lager vorrätig sein darf.

Aufgabe B.4.12	Lagerbestand

BA GBWL
MAWI

Die in einer betrachteten Periode benötigte Menge einer Materialart kann durch eine unterschiedliche Anzahl von Beschaffungsvorgängen beschafft werden.

Skizzieren Sie zwei frei gewählte Beschaffungsalternativen und ihren Einfluss auf den Lagerbestand! Erläutern Sie die ökonomischen Konsequenzen beider Varianten!

Welche Bedeutung besitzt in diesem Zusammenhang die Bestimmung der optimalen Bestellmenge?

Lösung B.4.12	Bilder PW.B.4.(18), PW.B.4.(36)

Eine geringe Anzahl von Beschaffungsvorgängen verursacht geringe Beschaffungskosten, ist aber mit einem hohen Durchschnittsbestand der Materialart am Lager verbunden. Damit entstehen eine hohe Kapitalbindung und entsprechend hohe Kosten der Kapitalbindung.

Eine hohe Anzahl von Beschaffungsvorgängen verursacht hohe Beschaffungskosten, ist aber mit einem geringen Durchschnittsbestand der Materialarten am Lager verbunden.

Die Bestimmung der optimalen Bestellmenge ermöglicht eine konkrete Festlegung der notwendigen Beschaffungsvorgänge mit den geringsten anfallenden Gesamtkosten.

Aufgabe B.4.13	Bestandsstrategien

	BA GBWL

Definieren Sie den Begriff Bestandsstrategie.
Systematisieren Sie die Bestandsstrategien.
Erläutern Sie die BP, B_H, T-Strategie.

BA GBWL
MAWI

Lösung B.4.13	Bilder PW.B.4.(46), PW.B.4.(47)

Bestandsstrategien dienen der Entscheidungsfindung darüber, wie viel Material zu welchem Zeitpunkt bereitzustellen, also wieder zu beschaffen ist.

Es sind zu unterscheiden:

➢ Mengenbezogene Bestandsstrategien auf Basis des Bestellpunktverfahrens
   Diese füllen den Lagerbestand auf der Basis einer optimalen Bestellmenge oder bis zum Höchstbestand auf.

➢ Terminbezogene Bestandsstrategien auf Basis des Bestellrhythmusverfahrens
   Auch hier sind die Varianten Auffüllung bis zum Höchstbestand bzw. um eine optimale Bestellmenge zu unterscheiden.

➢ Bestandsstrategien auf Basis der Kombination von Mengen- und Terminstrategien

Die BP, B_H, T-Strategie ist eine kombinierte Strategie. An vorgegebenen Terminen (T, 2T, 3T) wird der Lagerbestand überprüft. Ist zu diesen Zeitpunkten der Bestellpunkt erreicht oder unterschritten, werden Bestellmengen ausgelöst und das Lager bis zum Höchstbestand aufgefüllt.

B.5 Produktions- und Kostentheorie

Aufgabe B.5.1	Produktionsfunktion

BA GBWL
PW

Erläutern Sie den Zusammenhang zwischen der Produktionsfunktion von Typ A und der Produktionstheorie.

Lösung B.5.1	Bild PW.B.5.(9)

Die Untersuchung der funktionalen Beziehungen zwischen dem mengen- und wertmäßigen Input an Elementarfaktoren und dem Output an Erzeugnissen und Leistungen ist Aufgabe der Produktions- und Kostentheorie.

Die Produktionstheorie erforscht die Mengenbewegungen, die ihren Ausdruck in den Produktionsfunktionen finden.

Die Produktionsfunktion vom Typ A untersucht den Einfluss der Veränderung des Produktionsfaktoreinsatzes auf die Ertragsentwicklung.

Aufgabe B.5.2	Substitutionalität

BA GBWL
PW

Wodurch ist Substitutionalität im Rahmen der Produktions- und Kostentheorie gekennzeichnet?

Lösung B.5.2	Bild PW.B.5.(3)

Die Art und Weise der Variierbarkeit der Elementarfaktoren zur Outputproduktion ist davon abhängig, ob eine technisch bedingte Kopplung der Einsatzmengen an Elementarfaktoren für die Produktion einer bestimmten Ausbringungsmenge einer Produktart zwingend gegeben ist oder nicht.

Ist diese Bedingung nicht gegeben, liegt Substitutionalität vor, d. h. es besteht die Möglichkeit des Ersatzes eines Einsatzfaktors durch einen anderen. Ist dieser Ersatz vollständig möglich, so handelt es sich um alternative Substitutionalität; ist der Ersatz nur begrenzt möglich, wird von peripherer Substitutionalität gesprochen.

Aufgabe B.5.3	Limitationalität

Wodurch ist Limitationalität im Rahmen der Produktions- und Kostentheorie gekennzeichnet?	BA GBWL PW

Lösung B.5.3	Bild PW.B.5.(4)

Besteht für die Produktion einer bestimmten Ausbringungsmenge einer Produktart eine technisch bedingte Kopplung der Einsatzmengen an Elementarfaktoren, liegt Limitationalität vor.

In einem solchen Fall wird z. B. durch die Erhöhung der Menge einer Faktorart keine Erhöhung der Ausbringungsmenge bewirkt.

Aufgabe B.5.4	Kostenfunktionen

Als Produktionsfunktion vom Typ A ist folgende Gesamtertragsfunktion gegeben:	BA GBWL PW

$$x = -\frac{1}{3}r^3 + 4r^2 + r$$

Teilaufgaben:
1. Ermitteln Sie für die Größen
    a) maximaler Gesamtertrag x_{max}
    b) maximaler Grenzertrag x'_{max}
    c) maximaler Durchschnittsertrag $\bar{x}_{max}$

    den jeweiligen Wert des variablen Einsatzfaktors r.
2. Stellen Sie die Verläufe von x, x' und $\bar{x}$ in einem Koordinatensystem für Werte r = 1 (1) 10 graphisch dar

Lösung B.5.4	Bild PW.B.5.(10)

1. Teilaufgabe

a) Einsatzfaktor r für den maximalen Gesamtertrag

$$x_{max} \Rightarrow x' = 0$$

$$x' = -r^2 + 8r + 1$$

Lösungsansatz für $r_{1/2}$ aus quadratischer Gleichung der Normalform:

$$y = f(x) = 0$$
$$x^2 + px + q = 0$$

$$x_{1/2} = -\frac{p}{2} \pm \sqrt{\left(\frac{p}{2}\right)^2 - q}$$

für $p = -8$ und $q = -1$ folgt

$$r_1 = 8{,}123$$
$$r_2 = -0{,}123$$

Da negative Mengen nicht einsetzbar sind, gilt:

$$\Rightarrow x_{max} \text{ für } r_1 = \underline{\underline{8{,}123}}$$

Beweis für Maximum von x: $f''(r) = -2r + 8$

$$f''(8{,}123) = -8{,}246 \rightarrow \text{Maximum, da } f''(r) < 0$$

b) Einsatzfaktor r für den maximalen Grenzertrag

$$x'_{max} \Rightarrow x'' = 0$$

$$x'' = -2r + 8$$

aus $0 = -2r + 8$ folgt

$$r = 4$$

$$\Rightarrow x'_{max} \text{ für } r = \underline{\underline{4}}$$

Beweis für Maximum von x': $f'''(r) = -2$ $\rightarrow$ Maximum, da $f'''(r) < 0$

c) Einsatzfaktor r für den maximalen Durchschnittsertrag

$$\overline{x} = \frac{x}{r}$$

$$\overline{x} = -\frac{1}{3}r^2 + 4r + 1$$

$$\overline{x}_{max} \Rightarrow \overline{x}' = 0$$

$$\overline{x}' = -\frac{2}{3}r + 4$$

aus $0 = -\frac{2}{3}r + 4$ folgt

$$r = 6$$

$\Rightarrow \overline{x}_{max}$ für $r = \underline{\underline{6}}$

Beweis für Maximum von $\overline{x}'$: $\quad f''(r) = -\frac{2}{3}$ $\qquad \rightarrow$ Maximum, da $f''(r) < 0$

2. Teilaufgabe

Im Bild PW.B.5.(10) des Lehrbuchs sind die Verläufe von x, x' und $\overline{x}$ graphisch dargestellt.

TEIL C AUFGABEN UND LÖSUNGEN ZUR WIRKUNG DISPOSITIVER PRODUKTIONSFAKTOREN

C.1 Produktionsorganisation

Aufgabe C.1.1	Definition der Organisation

Definieren Sie, was unter dem Begriff Organisation zu verstehen ist und welche Merkmale der Organisation zu unterscheiden sind. Verdeutlichen Sie den produktionswirtschaftlichen Ansatz der Organisationstheorie anhand der vorgegebenen Tabelle.

BA ABWL
PW
MA FIDL
ORG

Lösung C.1.1	Bilder PW.C.1.(2), PW.C.1.(3)

Das Grundproblem der Organisation besteht für das Unternehmen als Ganzes und auch aus der Sicht des Produktionsprozesses in der Festlegung der Arbeitsteilung für eine zu lösende Aufgabe und in der Gestaltung des Zusammenwirkens der infolge der Arbeitsteilung gebildeten Organisationseinheiten / Struktureinheiten.

Eine Organisation ist ein System von dauerhaften Regelungen, welches die Aufgabenbereiche der Aufgabenträger festlegt und eine optimale Aufgabenerfüllung gewährleistet.

Die Merkmale der Organisation sind:

➢ Zielorientierung
Organisation als Instrument der Zielerreichung.

➢ Arbeitsteilung
Den Elementen (Stellen) der Organisation werden unterschiedliche Teilaufgaben zugeordnet, deren Lösung der Zielerreichung dient.

➢ Koordination
Die Organisation regelt die Beziehungen zwischen den Elementen (Stellen).

➢ Dauerhaftigkeit
Diese kennzeichnet den zeitlichen Bestand einer Organisation.

Zur Verdeutlichung des produktionswirtschaftlichen Ansatzes der Organisationstheorie übertragen Sie den Inhalt von Bild PW.C.1.(2) in die gegebene Tabelle.

	Betrachtungsebenen	
Merkmale	**Management / Organisation**	**Produktionswirtschaft**
Organisations-**objekte**		
Organisations-**aufgaben** (Analyse)		
Organisations-**methoden** (Synthese)		
Organisations-**ergebnisse**		

Aufgabe C.1.2	**Funktionale und divisionale Unternehmensstruktur**

BA ABWL
PW

Erläutern Sie Gemeinsamkeiten und Unterschiede der funktionalen und der divisionalen Unternehmensstruktur.
Welche Beziehung besitzen die Organisationsformen des Produktionsprozesses zu beiden Strukturvarianten?

Lösung C.1.2		Bild PW.C.1.(6)

Die Organisationsstruktur eines Unternehmens kann funktional oder divisional aufgebaut sein.

Bei der funktionalen Struktur werden die Linienorgane der oberen Leitungsebene in Abhängigkeit von den Funktionen des Unternehmens gebildet.

Bei der divisionalen Struktur werden die durchzuführenden Funktionen den verschiedenen Divisionen (z. B. zu produzierende Produkte) zugeordnet. Sie erscheinen also als produktbezogene Linienorgane in der zweiten Leitungsebene.

Die Linienorgane der untersten Ebene im Produktionsprozess werden als Organisationsformen bezeichnet. Das gilt unabhängig von der divisionalen oder funktionalen Unternehmensstruktur.

Aufgabe C.1.3	Räumliches Organisationsprinzip

Verdeutlichen Sie durch die Gegenüberstellung einfacher und komplizierter Prozessanforderungen von Produktionsprogrammen, welche unterschiedlichen Bedingungen bei der Gestaltung räumlicher Organisationsprinzipien zu beachten sind.
Charakterisieren Sie die möglichen räumlichen Gestaltungsprinzipien.

BA ABWL
PW
MA FIDL
ORG

Lösung C.1.3	Bilder PW.C.1.(7) bis PW.C.1.(10)

Folgende typischen einfachen bzw. komplizierten Prozessanforderungen sind zu unterscheiden:

➢ Gesicherte Fertigungsperspektive versus dynamische Veränderung des Produktionsprogramms
➢ Große Stückzahl gleicher Erzeugnisse versus ständig wechselnde Produktart mit kleinen Stückzahlen
➢ Wenige Teileklassen mit ständig gleicher Fertigungsflussrichtung versus viele Teileklassen mit ständig wechselnder Fertigungsflussrichtung
➢ Wenige benötige Fertigungsverfahren versus viele benötigte Fertigungsverfahren
➢ Hohe, proportionale Kapazitätsauslastung versus schwankende, nicht proportionale Kapazitätsauslastung

Unterschiedlichen Prozessanforderungen muss durch die Entwicklung unterschiedlicher Fähigkeitsprofile – also in diesem Falle – unterschiedlicher räumlicher Organisationsprinzipien entsprochen werden. Es sind zu unterscheiden:

➢ Werkstattprinzip mit der Anordnung von Betriebsmitteln, die zum selben Fertigungsverfahren gehören in separaten Werkstätten
➢ Erzeugnisprinzip mit einer räumlichen Zusammenfassung all der Betriebsmittel unterschiedlicher Fertigungsverfahren, die zur Herstellung eines Erzeugnisses oder Erzeugnisbestandteils benötigt werden. Das Erzeugnisprinzip gliedert sich in Unterprinzipien:
  • Gruppenprinzip
    Die Betriebsmittel, die zur Herstellung eines begrenzten Teilesortiments erforderlich sind, werden räumlich - quasi als Gruppe - zusammengefasst.
  • Reihenprinzip
    Die Betriebsmittel werden in der Reihenfolge angeordnet, in der die Bearbeitungsschritte zur Herstellung eines Teilesortiments erfolgen.

- Einzelplatzprinzip
  Durch die Integration verschiedener Fertigungsverfahren in einer Maschine wird eine weitgehende Fertigbearbeitung eines Teils ohne Ortsveränderung realisiert.

Aufgabe C.1.4	Technologische Bearbeitungsfolge

BA ABWL
PW

Erläutern Sie vergleichend die Begriffe technologische und organisatorische Bearbeitungsfolge und verdeutlichen Sie die Gestaltungsvarianten der technologischen Bearbeitungsfolge.
Welcher Zusammenhang besteht zwischen den räumlichen Organisationsprinzipien und den Varianten der technologischen Bearbeitungsfolge?

Lösung C.1.4	Bilder PW.C.1.(62), PW.C.1.(11) bis PW.C.1.(13)

Die organisatorische Bearbeitungsfolge verdeutlicht die Reihenfolge der Bearbeitung der Fertigungsaufträge auf einer Bearbeitungsstation (Maschine, Arbeitsplatz).

Die technologische Bearbeitungsfolge ist die Reihenfolge der durchzuführenden Arbeitsgänge zur Realisierung eines Fertigungsauftrags. Sie gibt die Reihenfolge der Bearbeitungsstationen an, die nacheinander zur Fertigung eines Auftrags zu durchlaufen sind. Es sind zu unterscheiden:

➢ Gleiche technologische Bearbeitungsfolge ohne Überspringen
  Dabei benötigt jeder Auftrag jede angeordnete Bearbeitungsstation. Die Fertigungsflussrichtung aller Aufträge ist identisch.

➢ Gleiche technologische Bearbeitungsfolge mit Überspringen
  Dabei benötigt nicht jeder Fertigungsauftrag alle angeordneten Bearbeitungsstationen. Es kommt zum Überspringen einzelner Bearbeitungsstationen. Die Fertigungsflussrichtung aller Aufträge ist gleich.

➢ Variierende technologische Bearbeitungsfolge
  Hier benötigt eine bestimmte Anzahl von Fertigungsaufträgen für ihre Fertigstellung ein System räumlich angeordneter Bearbeitungsstationen mit unterschiedlichen Fertigungsverfahren. Das Auslassen bzw. Überspringen einzelner Bearbeitungsstationen ist die Regel. Jeder Fertigungsauftrag durchläuft das System der Bearbeitungsstationen auf einem anderen Pfad. Die Fertigungsflussrichtung der Teile ist demzufolge nicht identisch.

Zwischen den Varianten der technologischen Bearbeitungsfolge und den räumlichen Organisationsprinzipien besteht folgende Zuordnung:

➤ Reihenprinzip → gleiche technologische Bearbeitungsfolge
➤ Werkstattprinzip und Gruppenprinzip → variierende technologische Bearbeitungsfolge
➤ Einzelplatzprinzip → gleiche und variierende Bearbeitungsfolge

Aufgabe C.1.5	Technologischer Zyklus

Erläutern Sie den Begriff technologischer Zyklus.
Welche zeitlichen Organisationsprinzipien sind zu unterscheiden?
Welche Zusammenhänge bestehen zwischen den zeitlichen Organisationsprinzipien und dem technologischen Zyklus?
Stellen Sie den Parallelverlauf und den kombinierten Verlauf graphisch dar und kommentieren Sie vergleichend die relevanten Unterbrechungszeiten.

BA ABWL
PW

Lösung C.1.5	Bilder PW.C.1.(14) bis PW.C.1.(23)

Der technologische Zyklus ist ein Bestandteil der Durchlaufzeit. Er umfasst die Zeitspanne der Veränderung eines Fertigungsauftrags (Einzelteil, Baugruppe, Los) im Sinne der Arbeitsaufgabe vom Beginn der Bearbeitung bis zur vollständigen Fertigstellung.

Bei einer Fertigung mit Weitergabe der Teile von Arbeitsplatz zu Arbeitsplatz im Rahmen der technologischen Bearbeitungsfolge entsprechen die zeitlichen Verlaufsformen des technologischen Zyklus den zeitlichen Organisationsprinzipien.

Als zeitliche Organisationsprinzipien sind zu unterscheiden:

➤ Reihenverlauf (Weitergabe kompletter Lose)
➤ Parallelverlauf (Weitergabe von Einzelteilen oder Transportlosen)
➤ Kombinierter Verlauf als Kombination von Reihen- und Parallelverlauf.

Der Parallelverlauf und seine relevanten Unterbrechungen sind in den Bildern PW.C.1.(18) und PW.C.1.(19) des Lehrbuchs dargestellt.

Der kombinierte Verlauf und seine relevanten Unterbrechungen sind in den Bildern PW.C.1.(20) und PW.C.1.(21) des Lehrbuchs dargestellt.

Unterbrechungszeiten können bei allen im Produktionsprozess eingesetzten Elementarfaktoren entstehen.

Die Unterbrechungszeiten der Arbeitskräfte und Betriebsmittel heißen Warte- und Stillstandszeiten (x). Die Unterbrechungszeiten des Werkstoffs heißen Liegezeiten (y).

Im Parallelverlauf gilt für zwei aufeinander folgende Arbeitsgänge:

➢ wenn $t_i = t_{i+1} \Rightarrow x = 0, y = 0$ (gilt nur bei $n_P = 1$)

➢ wenn $t_i > t_{i+1} \Rightarrow x > 0, y = 0$ (gilt nur bei $n_P = 1$)

➢ wenn $t_i < t_{i+1} \Rightarrow x = 0, y > 0$

Bei der Bedingung $t_i < t_{i+1}$ sind Parallelverlauf und kombinierter Verlauf identisch, es entstehen Liegezeiten.

Die Stillstands- und Wartezeiten des Parallelverlaufs (bei $t_i > t_{i+1}$) werden im kombinierten Verlauf durch die Gestaltung von unterschiedlichen Transportlos-größen vermieden. Dabei entstehen aber Liegezeiten.

Aufgabe C.1.6	Technologischer Zyklus

BA ABWL PW	Definieren Sie, unter welchen Bedingungen die Zyklusdauern im kombinierten Verlauf und im Parallelverlauf gleich lang sind!

Lösung C.1.6	Bilder PW.C.1.(24) bis PW.C.1.(26)

Die beiden Verlaufsformen technologischer Zyklen sind bei unterschiedlichen Zeitbedarfen je Arbeitsgang in folgenden Fällen gleich lang:

➢ Wenn die Länge der Bearbeitungszeiten der Arbeitsgänge der technologischen Bearbeitungsfolge bis zu dem Arbeitsplatz, der die Hauptzeit benötigt, stetig steigt. Die Hauptzeit liegt auf dem letzten Arbeitsplatz.

➢ Wenn die Länge der Bearbeitungszeiten der Arbeitsgänge der technologischen Bearbeitungsfolge nach dem Arbeitsplatz, der die Hauptzeit benötigt, stetig fällt. Die Hauptzeit liegt auf dem ersten Arbeitsplatz.

➢ Wenn die Länge der Bearbeitungszeiten der Arbeitsgänge der technologischen Bearbeitungsfolge bis zum Arbeitsplatz mit der Hauptzeit stetig steigt und danach stetig fällt. Der Arbeitsplatz mit der Hauptzeit liegt inmitten der technologischen Bearbeitungsfolge.

Aufgabe C.1.7	Berechnung der Dauer des technologischen Zyklus

Ein Einzelteil wird in einem gegenstandsspezialisierten Fertigungsabschnitt mit einer Losgröße von 100 Stück gefertigt.

BA ABWL
PW

Es ist von einem Zeitgrad von 100 % auszugehen. Die in der Tabelle
angegebene Reihenfolge der Arbeitsgänge ist zugleich die technologische Bearbeitungsfolge.

Es wird überlegt, ob für diese Teileklasse eine gegenstandsspezialisierte Fertigungsreihe oder sogar eine Fließfertigung organisiert
werden sollte.

Für den Transport stehen Behälter zur Verfügung, die maximal 25
Teile fassen können. Die für den Transport erforderliche Zeit ist
nicht zu betrachten.

Teilaufgaben:
1. Berechnen Sie die Dauer des technologischen Zyklus für jede der
   genannten Organisationsformen, wenn stets nur volle Behälter
   transportiert werden.
2. Skizzieren Sie den Durchlauf der Teile für die gegenstandsspezialisierte Fertigungsreihe und die Fließfertigung. Bestimmen Sie
   auf dieser Grundlage für die gegenstandsspezialisierte Fertigungsreihe den exakten Zeitpunkt für den Beginn des Arbeitsgangs Bohren am ersten Einzelteil.
3. Geben Sie exakt an, woraus die in der Teilaufgabe 1 ermittelte
   Verkürzung des technologischen Zyklus (beim Übergang von der
   gegenstandsspezialisierten Fertigungsreihe zur Fließfertigung)
   resultiert.
4. Es wird die Entscheidung getroffen, das betrachtete Einzelteil
   gemeinsam mit ähnlichen Teilen in der gegenstandsspezialisierten Fertigungsreihe zu fertigen. Dabei darf die Dauer des technologischen Zyklus für das betrachtete Los jedoch maximal 3600
   Minuten betragen.

   Durch welche Maßnahmen wird diese Forderung erfüllbar? Nennen Sie mindestens drei alternative Maßnahmen und zeigen Sie
   die Wirkung einer von Ihnen vorgeschlagenen Maßnahme durch
   eine exakte Berechnung.

Gegeben:

Folgende Zeiten für die einzelnen Arbeitsgänge sind vorgegeben:

Lfd. Nr.	Arbeitsgang	Zeit pro Einheit [min/Stück]
1	Sägen	10
2	Drehen	5
3	Bohren	30
4	Schleifen	10

Formelsammlung:

$$T_{TZ(R)} = n_L \sum_{i=1}^{m} t_i$$	$$T_{TZ(K)} = n_L \sum_{i=1}^{m} t_i - \left(n_L - n_p\right) \sum_{i=1}^{m-1} t_{kürz_i}$$
$$T_{TZ(P)} = n_p \sum_{i=1}^{m} t_i + \left(n_L - n_p\right) t_H$$	

Lösung C.1.7	

1. Teilaufgabe

Dauer des technologischen Zyklus:

Lfd. Nr.	Arbeitsgang	t_i [min/Stück]	$t_{kürzi}$ [min/Stück]	t_H [min/Stück]
1	Sägen	10		
2	Drehen	5	5	
3	Bohren	30	5	30
4	Schleifen	10	10	
	Gesamt	55	20	

Gegeben:

$n_L = 100$ Stück $n_P = 25$ Stück

GFA: $$T_{T_{Z(R)}} = n_L \cdot \sum_{i=1}^{m} t_i = \underline{5500\,min}$$

GFR: $$T_{T_{Z(K)}} = n_L \cdot \sum_{i=1}^{m} t_i - \left(n_L - n_p\right) \sum_{i=1}^{m-1} t_{kürzi} = \underline{4000\,min}$$

FF: $$T_{T_{Z(P)}} = n_P \cdot \sum_{i=1}^{m} t_i + \left(n_L - n_P\right) \cdot t_H = \underline{3625\,min}$$

Die Dauer des technologischen Zyklus bei GFA, GFR bzw. FF beträgt 5500 min, 4000 min bzw. 3625 min.

2. Teilaufgabe

Skizze des Teiledurchlaufs für die gegenstandsspezialisierte Fertigungsreihe (GFR):

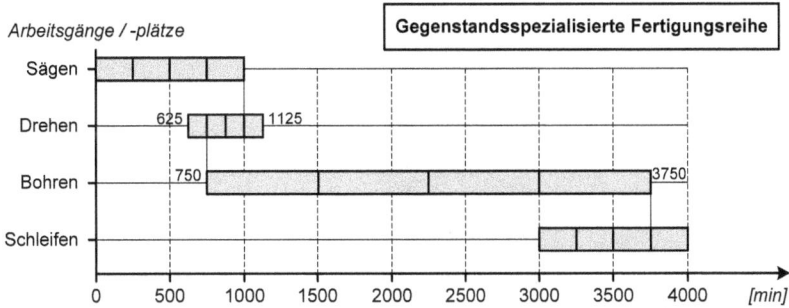

Skizze des Teiledurchlaufs für die Fließfertigung (FF):

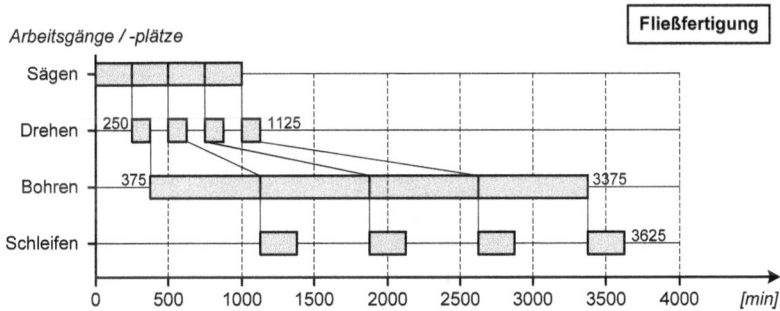

Das Bohren des ersten Einzelteils bei der GFR beginnt in der 750. Minute des technologischen Zyklus.

3. Teilaufgabe

Exakte Begründung der Verkürzung des technologischen Zyklus:

Die Differenz zwischen der Dauer des technologischen Zyklus bei der GFR und bei der FF beträgt: 4000 min - 3625 min = 375 min.
Diese Verkürzung von 375 Minuten bei der FF ist darauf zurückzuführen, dass das Bohren aufgrund der veränderten Teileweitergabe früher beginnt.

Beginn Bohren bei GFR	750 min
- Beginn Bohren bei FF	375 min
= Verkürzung	375 min

Diese Verkürzung des technologischen Zyklus wird „erkauft" durch zusätzliche Warte- und Stillstandszeiten beim Drehen:

3 · 125 min = 375 min

4. Teilaufgabe

Begrenzung der Dauer des technologischen Zyklus auf 3600 min:

$$T_{TZ(K)IST} \qquad\qquad = 4000 \text{ min}$$
$$T_{TZ(K)SOLL} \qquad\qquad \leq 3600 \text{ min}$$

Maßnahmen zur Verkürzung des Ist-Werts können aus der Formel zur Bestimmung der Dauer des technologischen Zyklus abgeleitet werden.

$$T_{T_{Z(K)}} = n_L \cdot \sum_{i=1}^{m} t_i - \left(n_L - n_P\right) \sum_{i=1}^{m-1} t_{kürz_i}$$

Da die Losgröße n_L zur Befriedigung des Teilebedarfs in der Fertigung dient, wird sie nicht als veränderbar angesehen. Dagegen können die Transportlosgröße n_P und die Bearbeitungszeiten t_i die Dauer des technologischen Zyklus beeinflussen. Die Größe $t_{kürz_i}$ wird über die Bearbeitungszeiten t_i beeinflusst und bedarf deshalb keiner besonderen Betrachtung.

Aus der graphischen Darstellung des Teiledurchlaufs wird auch deutlich, dass sich die Aktivitäten bezüglich der Verkürzung der Bearbeitungszeiten auf den Engpassarbeitsgang Bohren konzentrieren müssen.

Damit erscheinen folgende Maßnahmen Erfolg versprechend:

(1) Verringerung der Transportlosgröße n_P

$$100 \, \text{Stück} \cdot 55 \frac{\text{min}}{\text{Stück}} - \left(100 \, \text{Stück} - n_P\right) \cdot 20 \frac{\text{min}}{\text{Stück}} \leq 3600 \, \text{min}$$

→ $n_P \leq 5 \, \text{Stück}$

Die Transportlosgröße muss auf mindestens 5 Stück verringert werden.

(2) Verkürzung der Bearbeitungszeit t_i beim Bohren durch Rationalisierung

$$100 \, \text{Stück} \cdot \left(25 \, \text{Stück} + t_3\right) - 75 \, \text{Stück} \cdot 20 \frac{\text{min}}{\text{Stück}} \leq 3600 \, \text{min}$$

→ $t_3 \leq 26 \, \text{Minuten}$

Die Bearbeitungszeit beim Bohren muss durch Rationalisierung von 30 min/Stück auf mindestens 26 min/Stück gesenkt werden.

(3) Verkürzung der Bearbeitungszeit t_i beim Bohren durch Erhöhung des Zeitgrades

Die unter 2. durch Rationalisierung reduzierte Bearbeitungszeit kann alternativ auch durch eine Erhöhung des Zeitgrades verringert werden.

Um die Bearbeitungszeit von 30 auf 26 min/Stück zu verringern, ist eine Erhöhung des Zeitgrades um 15,4 % erforderlich.

$$ZG = \left(\frac{30 \frac{\text{min}}{\text{Stück}}}{26 \frac{\text{min}}{\text{Stück}}} - 1 \right) \cdot 100 \, \% = 15,38 \, \%$$

(4) Beschleunigung des Arbeitsablaufs beim Bohren durch Einsatz eines zweiten Arbeitsplatzes

Durch den Einsatz eines zweiten Bohrarbeitsplatzes kann die Dauer des technogischen Zyklus erheblich verkürzt werden. Durch die damit verbundene Halbierung der effektiven Bearbeitungszeit beim Bohren ergibt sich:

$$100 \, \text{Stück} \cdot 40 \frac{\text{min}}{\text{Stück}} - 75 \, \text{Stück} \cdot 20 \frac{\text{min}}{\text{Stück}} = 2500 \, \text{min}$$

Die Dauer des technologischen Zyklus wird durch diese Maßnahme auf 2500 Minuten reduziert.

Aufgabe C.1.8	Organisationsformen der Teilefertigung

Wodurch entstehen Organisationsformen der Teilefertigung? Benennen Sie relevante Organisationsformen und ihre Bildungskriterien.

Definieren Sie die Begriffe Flexibilität und Kontinuität und bilden Sie in einer Rangordnung die Fähigkeit der Organisationsformen zu Flexibilität und Kontinuität ab.

BA ABWL
PW
MA FIDL
ORG

Lösung C.1.8	Bilder PW.C.1.(27), PW.C.1.(28), PW.C.1.(30)

Organisationsformen der Teilefertigung entstehen durch die Kombination von räumlichen und zeitlichen Organisationsprinzipien.

Kombiniert man

➢ den Reihenverlauf und das Werkstattprinzip,
   entsteht als Organisationsform die Werkstattfertigung (WF),

➢ den Reihenverlauf und das Gruppenprinzip,
   entsteht der gegenstandsspezialisierte Fertigungsabschnitt (GFA),

➢ den kombinierten Verlauf und das Reihenprinzip,
   entsteht die gegenstandsspezialisierte Fertigungsreihe (GFR),

➢ den Parallelverlauf und das Reihenprinzip,
   entsteht die Fließfertigung (FF),

➢ das Prinzip ohne Weitergabe mit dem Einzelplatzprinzip,
   entsteht die Einzelplatzfertigung (EPF).

Unter Kontinuität wird der Grad der ununterbrochenen Bearbeitung der Arbeitsobjekte / Arbeitsgegenstände verstanden. Die Kontinuität der Teilebearbeitung in den Organisationsformen wächst in der Richtung:

WF → GFA → GFR → FF → EPF

Unter Flexibilität (qualitative) wird die Fähigkeit zur Produktion veränderter Produktarten verstanden. Die Flexibilität in der Teilebearbeitung in den Organisationsformen wächst in der Richtung:

FF → GFR → GFA → WF → EPF

Aufgabe C.1.9	**Mischformen der Organisationsformen der Teilefertigung**

BA ABWL PW MA FIDL ORG	Was ist unter einer Mischform der Organisationsformen der Teilefertigung zu verstehen? Welche Arten von Mischformen der Werkstattfertigung und der gegenstandsspezialisierten Organisationsformen sind zu unterscheiden? Benennen Sie die Gründe für das Entstehen beider Varianten der Mischformen.

Lösung C.1.9	Bilder PW.C.1.(36) bis PW.C.1.(39)

Die in der Betriebspraxis zum Teil modifizierten bzw. von den definierten klassischen Organisationsformen abweichenden Formen werden als Mischformen bezeichnet.

Es werden Mischformen der Werkstattfertigung und Mischformen gegenstandsspezialisierter Organisationsformen unterschieden.

In der Werkstattfertigung sind zwei Arten von Mischformen zu unterscheiden:

➢ Maschinen werden einer Werkstatt zugeordnet, die nicht zu dem Fertigungsverfahren der dort angeordneten Maschinen gehören.

➢ Maschinen, die zum selben Fertigungsverfahren gehören, werden aufgrund ihrer unterschiedlichen fertigungstechnischen Möglichkeiten auf der Grundlage gegenstandsspezialisierter räumlicher Organisationsprinzipien aufgestellt und gegenstandsspezialisiert genutzt.

Der Grund für das Entstehen von Mischformen der Werkstattfertigung ist darin zu sehen, dass erste Schritte in Richtung Gegenstandsspezialisierung gegangen werden.

Der entscheidende Grund für das Entstehen von Mischformen in gegenstandsspezialisierten Organisationsformen ist in der verschiedenartigen Ausnutzung freier Kapazitäten in einzelnen Kapazitätseinheiten (Maschinen) dieser Organisationsformen zu sehen. Die Ausnutzung freier Kapazitäten erfolgt durch folgende Varianten:

➢ Teileeinsteuerung zur Kapazitätsausnutzung aus anderen Organisationsformen, deren Kapazität nicht ausreicht oder aus Teileklassen, die keine eigene Organisationsform besitzen

➢ Gemeinsame Nutzung einer Kapazitätseinheit mit freier Kapazität durch zwei gleichartige (GFA und GFA) oder zwei unterschiedliche (GFA und GFR) Organisationsformen

Aufgabe C.1.10	Moderne Organisationsformen der Teilefertigung

Verdeutlichen Sie die Beziehungen, die zwischen den klassischen und den modernen Organisationsformen der Teilefertigung bestehen. Welche Rolle spielt das Techniksystem bei der Bildung moderner Organisationsformen?

BA ABWL
PW
MA FIDL
ORG

Lösung C.1.10	Bilder PW.C.1.(45), PW.C.1.(46)

Moderne Organisationsformen basieren auf den klassischen Organisationsformen. Sie besitzen identische räumliche und zeitliche Organisationsprinzipien und unterscheiden sich von den klassischen Organisationsformen durch differenzierte Niveaustufen der technischen Ausgestaltung und damit der Mechanisierung und Automatisierung.

Die Varianten der technischen Ausgestaltung können als technische Organisationsprinzipien verstanden werden. Sie bilden neben den räumlichen und zeitlichen Organisationsprinzipien gewissermaßen die dritte Dimension zur Bildung moderner Organisationsformen.

Die Grundlage für die Differenzierung technischer Organisationsprinzipien bildet das Techniksystem, das in das Bearbeitungs-, das Transport-, das Handhabungs- und das Lagersystem strukturierbar ist.

Die technische Ausgestaltung betrifft demzufolge vier Teilsysteme, die parallel zu analysieren und zu gestalten sind.
- ➢ Der GFA ist die Basis für das flexible Fertigungssystem (FFS).
- ➢ Die GFR ist die Basis für die flexible Fließfertigung (FFF).
- ➢ Die FF ist die Basis für die starre Fließfertigung (SFF).
- ➢ Die EPF ist die Basis für das Bearbeitungszentrum (BAZ).
- ➢ Die WF ist die Basis für die kontinuierliche Werkstattfertigung (KWF).

Aufgabe C.1.11	**Teilsysteme des Techniksystems**

BA ABWL PW MA FIDL ORG	Welche Rolle spielt das Techniksystem für die Bildung moderner Organisationsformen? Nennen Sie die Teilsysteme des Techniksystems und verdeutlichen Sie, durch welche spezifischen technischen Ausgestaltungsvarianten sich die Transportsysteme der starren Fließfertigung und des flexiblen Fertigungssystems unterscheiden.

Lösung C.1.11	Bilder PW.C.1.(45), PW.C.1.(46), PW.C.1.(48), PW.C.1.(51)

Die differenzierten Niveaustufen der technischen Ausgestaltung und damit die Mechanisierung und Automatisierung unterscheiden die modernen Organisationsformen von den klassischen Organisationsformen. Neben den räumlichen und zeitlichen Organisationsprinzipien sind für die Bildung moderner Organisationsformen auch technische Organisationsprinzipien in die Kombination einzubeziehen.

Die Grundlage für die Bildung technischer Organisationsprinzipien ist das Techniksystem, das in das Bearbeitungs-, das Transport-, das Handhabungs- und das Lagersystem strukturierbar ist.

In der starren Fließfertigung werden in der Regel automatische Transportsysteme eingesetzt.

Der durch Arbeitskräfte unterstützte maschinelle Transport ist demgegenüber typisch für das flexible Fertigungssystem.

Aufgabe C.1.12	Kontinuität und Flexibilität moderner Organisationsformen

Welche Bedeutung besitzen die Flexibilität und die Kontinuität zur Charakterisierung moderner Organisationsformen?
Welche Faktoren üben einen maßgeblichen Einfluss auf die Flexibilität und die Kontinuität aus?
Verdeutlichen Sie auf graphischem Wege die Position moderner Organisationsformen aus der Sicht der Kontinuität und Flexibilität. Begründen Sie die vorgenommene Positionierung.

MA FIDL
ORG

Lösung C.1.12	Bild PW.C.1.(60)

Die Fähigkeit zur Flexibilität und Kontinuität ist ein wesentliches Unterscheidungsmerkmal moderner Organisationsformen.

Die Automatisierung und Komplettbearbeitung beeinflussen die Flexibilität und die Kontinuität nachhaltig.

Die Automatisierung sichert eine quasi ohne Unterbrechungen ablaufende Produktion innerhalb der Organisationsform. Die Komplettbearbeitung verhindert, dass die Teile eine Organisationsform im Verlaufe ihrer Herstellung verlassen müssen, um in einer anderen weiterbearbeitet zu werden. Sie verhindert dadurch Transporte zwischen den Organisationsformen, die zwangsläufig zu Unterbrechungen im Fertigungsfluss führen würden.

Die graphische Verdeutlichung der Position jeder modernen Organisationsform aus der Sicht der Flexibilität und Kontinuität erfolgt in Bild PW.C.1.(60) des Lehrbuchs.

Die höchste Kontinuität erreicht die starre Fließfertigung vor der flexiblen Fließfertigung aufgrund der hohen Automatisierung der Prozesse.

In der flexiblen Fließfertigung sind Umrüstprozesse nötig, deshalb wird sie an zweiter Stelle platziert.

Der dritte bis fünfte Rang entscheidet sich zwischen der flexiblen Fertigungszelle (FFZ), dem Bearbeitungszentrum (BAZ) und dem flexiblen Fertigungssystem (FFS).
Aus der Sicht der Automatisierbarkeit und damit der Kontinuität heißt die Reihung FFS vor BAZ und FFZ. Diese Reihung wird auch aus der Sicht einer möglichen Komplettbearbeitung gestützt.

Das FFS und das BAZ sind auf der Grundlage integrierbarer Fertigungsverfahren sowie der vorhandenen räumlichen und zeitlichen Organisationsprinzipien und der Fähigkeit, variierende technologische Bearbeitungsfolgen zu gestalten, sehr flexibel. Die Integrierbarkeit von verschiedenen Fertigungsverfahren in das FFS ist höher einzuschätzen als in das BAZ.

Die flexible Fließfertigung (FFF) ist zur Produktion weniger unterschiedlicher Erzeugnisse fähig und damit flexibler als die starre Fließfertigung (SFF), auf der in der Regel nur eine Erzeugnisart produziert wird.

Aufgabe C.1.13	Entscheidungsfindung zur Auswahl von Organisations-formen

MA FIDL ORG	Worin besteht das Grundprinzip der technisch determinierten Auswahl von Organisationsformen? Auf welche Weise wird sie realisiert? Unter welchen Bedingungen ist diese Auswahlvariante nicht akzeptabel und wie ist dann das Auswahlproblem zu lösen? Nennen Sie ein anwendbares Verfahren.

Lösung C.1.13	Bilder PW.C.1.(66) bis PW.C.1.(69)

Die Festlegung klassischer Organisationsformen basiert auf einer technisch determinierten Auswahl. Diese stützt sich auf konstruktive und technologische Merkmale, die das zu produzierende Teilesortiment charakterisieren und quasi als Anforderungen an die zu gestaltende Organisationsform gelten können. Solche Merkmale sind:

➤ Technologische Merkmale
  • Fertigungsverfahren
  • Technologische Bearbeitungsfolge
  • Bearbeitungs- und Rüstzeiten
  • Mengen der zu produzierenden Teile u. a.

➤ Konstruktive Merkmale
  • Gestalt, Form der Teile
  • Werkstoffe
  • Maße
  • Gewichte
  • Toleranzen u. a.

Im Rahmen der technisch determinierten Auswahl wird einem so erstellten Anforderungsprofil einer Teileklasse ein Fähigkeitsprofil vorhandener bzw. zu gestaltender Organisationsformen gegenübergestellt, um auf dieser Grundlage eine Zuordnungsentscheidung bzw. Auswahl- und Gestaltungsentscheidung ableiten zu können.

Für die Auswahl moderner Organisationsformen mit ihren sehr differenzierten technischen Ausgestaltungsvarianten (Techniksystem) reicht diese Vorgehensweise nicht aus. Hier wird die erweiterte Wirtschaftlichkeitsanalyse eingesetzt.

Aufgabe C.1.14	Organisationsformen der Montage

Beschreiben Sie auf der Grundlage ausgewählter Faktoren die Rahmenbedingungen für die Darstellung von Organisationsformen der Montage.

MA FIDL
ORG

Lösung C.1.14	Bild PW.C.1.(74)

Folgende Rahmenbedingungen gelten für die Darstellung der Organisationsformen der Montage:

➤ Ausgangspunkt ist die Annahme, dass Organisationsformen der Montage genau wie die Organisationsformen der Teilefertigung durch die Kombination eines räumlichen und eines zeitlichen Organisationsprinzips gebildet werden.
➤ Für Montageprozesse ist davon auszugehen, dass alle Elementarfaktoren entweder stationär oder instationär am Montageprozess beteiligt sind. Daraus folgt, dass für alle instationären Elementarfaktoren (AK, BM, WS) zeitliche Organisationsprinzipien zu definieren sind. Diese sind wie in der Teilefertigung der Reihenverlauf, der Parallelverlauf und der kombinierte Verlauf.
➤ Für alle praktikablen Varianten des Montageprozesses gilt, dass
  • Arbeitskräfte und Betriebsmittel gemeinsam stationär sind oder
  • Arbeitskräfte und Betriebsmittel gemeinsam instationär sind.
➤ Das stationäre / instationäre Verhalten der Elementarfaktoren ist bei der Definition des Arbeitsplatzes zu berücksichtigen. Der Arbeitsplatz wird bestimmt durch den Ort des Zusammenwirkens der Elementarfaktoren – gekennzeichnet durch das stationäre Element.

Aufgabe C.1.15	Organisationsformen der Montage

MA FIDL| Analysieren Sie das kinematische Verhalten der Elementarfaktoren
ORG| in Montageprozessen.
Leiten Sie daraus praktikable Kombinationen ab.
Welche Schlussfolgerungen lassen sich daraus für die Gestaltung
zeitlicher Organisationsprinzipien ableiten?

Lösung C.1.15	Bilder PW.C.1.(74), PW.C.1.(77)

Es existieren acht Kombinationsvarianten stationärer und instationärer Elementarfaktoren (vgl. Bild PW.C.1.(74)).

Daraus sind fünf praktikable Kombinationsvarianten (1, 3, 5, 6, 7) ableitbar.

Die Regel lautet:

➢ Arbeitskräfte und Betriebsmittel sind entweder gemeinsam stationär oder
  instationär.
➢ Für instationäre Elementarfaktoren sind zeitliche Organisationsprinzipien zu
  bestimmen.
  • Instationäre Montageobjekte besitzen in der Montage (genau wie in der
    Teilefertigung) als Fortbewegungsvarianten den Reihenverlauf, Parallelver-
    lauf und den kombinierten Verlauf.
  • Für instationäre Arbeitskräfte und Betriebsmittel kommen der Reihenver-
    lauf und der Parallelverlauf zum Einsatz.

Aufgabe C.1.16	Organisationsformen der Montage

MA FIDL| Welche Organisationsprinzipien bilden die Grundlage für die Ge-
ORG| staltung von Organisationsformen der Montage?

Lösung C.1.16	Bilder PW.C.1.(75), PW.C.1.(77), PW.C.1.(83)

➢ Räumliche Organisationsprinzipien:
  • Werkstattprinzip
  • Erzeugnisprinzip
    - Gruppenprinzip
    - Reihenprinzip
    - Einzelplatzprinzip

➢ Zeitliche Organisationsprinzipien:
- Ohne Ortsveränderung
- Mit Ortsveränderung
  - Reihenverlauf
    instationärer Montageobjekte
    instationärer Potenzialfaktoren
  - Parallelverlauf
    instationärer Montageobjekte
    instationärer Potenzialfaktoren
    instationärer Elementarfaktoren
  - Kombinierter Verlauf
    instationärer Montageobjekte

➢ Technische Organisationsprinzipien:
- Fügesystem
- Fördersystem
- Handhabungssystem
- Lagersystem
- Mess- und Prüfsystem

Aufgabe C.1.17	Organisationsformen des innerbetrieblichen Transports

Charakterisieren Sie räumliche und zeitliche Organisationsprinzipien des innerbetrieblichen Transports.

MA FIDL
ORG

Lösung C.1.17	Bilder PW.C.1.(95) bis PW.C.1.(107)

Der innerbetriebliche Transport ist eine fertigungsnahe industrielle Dienstleistung für die Fertigungshauptprozesse.

Räumliche Organisationsprinzipien des innerbetrieblichen Transports kennzeichnen die Richtungsorientierung des Transports. Diese wird bestimmt durch Transport- bzw. Anlaufpunkte und die Spezifik ihrer Verknüpfung im Sinne der Transport- und Anlaufreihenfolge.

Anlaufpunkte sind variierend oder fest, die Anlaufreihenfolge variierend oder gleich.

Die Kombination dieser Varianten definiert relevante Verknüpfungsprinzipien und daraus abgeleitet räumliche Organisationsprinzipien:

➢ Variierende Punkte und variierende Reihenfolge
- Ungerichtetes Transportprinzip

➢ Feste Punkte und variierende Reihenfolge
  • Richtungsvariables Transportprinzip
  • Gerichtetes Transportprinzip

➢ Feste Punkte und gleiche Reihenfolge
  • Verkettetes Transportprinzip

Als zeitliche Organisationsprinzipien werden unterschieden:

➢ Reihenverlauf
➢ Parallelverlauf
➢ Kombinierter Verlauf

Sie stellen Verlaufsformen des technologischen Zyklus dar, in die die Transport-
zeiten integriert werden.

Aufgabe C.1.18	Organisationsformen des innerbetrieblichen Transports

MA FIDL ORG	Erläutern Sie die Bildung von Organisationsformen des innerbe- trieblichen Transports. Benennen Sie die Organisationsformen und verdeutlichen Sie auf graphischem Wege für eine der genannten Organisationsformen das Transportprinzip.

Lösung C.1.18	Bilder PW.C.1.(108) bis PW.C.1.(111) Bilder PW.C.1.(113) bis PW.C.1.(115) Bilder PW.C.1.(117) bis PW.C.1.(119) Bilder PW.C.1.(121) bis PW.C.1.(123)

Die Organisationsformen des innerbetrieblichen Transports entstehen als Kombination aus räumlichen und zeitlichen Organisationsprinzipien.
Bild PW.C.1.(108) zeigt alle zwölf Kombinationsmöglichkeiten und die Benennung der Organisationsformen. Oben aufgeführte Bildnummern charakterisieren
alle denkbaren Transportprinzipien.

Aufgabe C.1.19	Organisationsformen des innerbetrieblichen Transports

MA FIDL ORG	Was verstehen Sie unter derivativen und originären Organisations- formen des innerbetrieblichen Transports? Welche Gründe veranlassen zum Übergang von originären zu deri- vativen Organisationsformen? Welche Beziehung besitzen die ori- ginären Organisationsformen zur Flexibilität und Kontinuität?

Lösung C.1.19	Bilder PW.C.1.(125) bis PW.C.1.(127)

Von den zwölf möglichen Organisationsformen des innerbetrieblichen Transports sind einige theoretisch nicht begründbar, andere besitzen eine technisch-technologische oder praktische Relevanz.

Es bleiben vier originäre und vier derivative Organisationsformen übrig.

Originäre Organisationsformen besitzen das Einsatzprimat zur Lösung von Transportaufgaben.
Derivative Organisationsformen ersetzen originäre Organisationsformen immer dann, wenn Transportprobleme unter besonderen Praxisbedingungen zu lösen sind.

Bild PW.C.1.(125) stellt den Zusammenhang zwischen originären und derivativen Organisationsformen des innerbetrieblichen Transports dar.

ROP_{IT} \ ZOP_{IT}		RV_{IT}	KV_{IT}	PV_{IT}
Nicht richtungs- orientiert	UTP	ULT $\longrightarrow$	UTT	
	RTP	RLT $\longrightarrow$	RTT	
Richtungs- orientiert	GTP		GTT $\longrightarrow$	GET
	VTP		VTT $\longleftarrow$	VET

Bild PW.C.(126) charakterisiert Gründe für den Übergang von originären zu derivativen Organisationsformen.

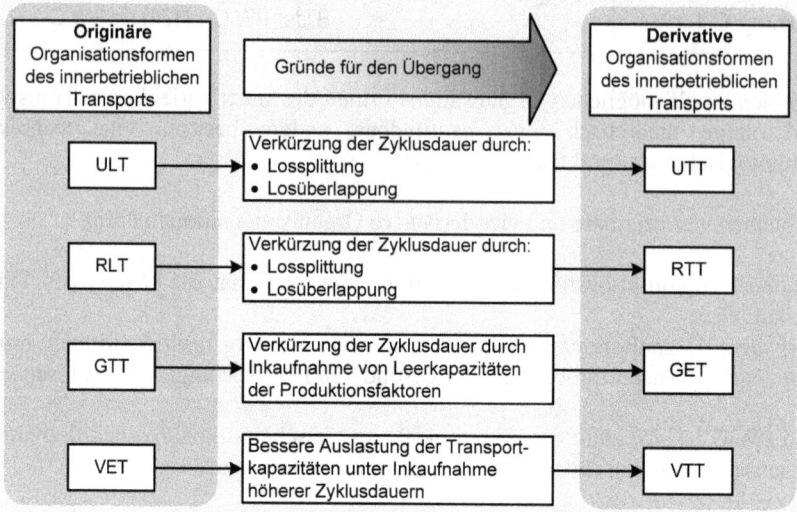

Die Fähigkeiten zur Flexibilität und Kontinuität der originären Organisationsformen werden in Bild PW.C.1.(127) dargestellt.

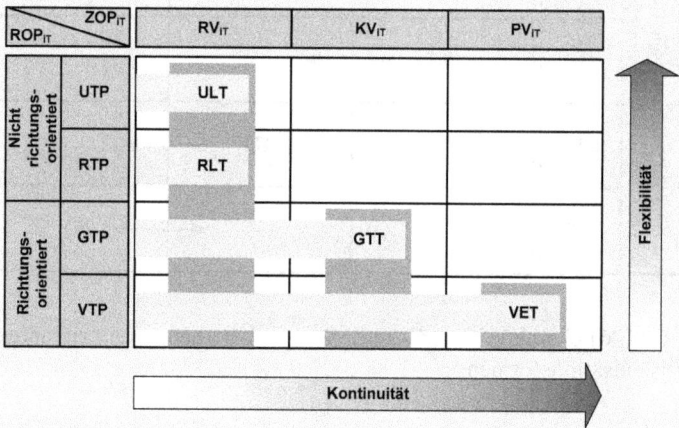

Aufgabe C.1.20	Organisationsformen der innerbetrieblichen Lagerung

Welche Aufgaben lösen Lager im Produktionsprozess? Definieren Sie räumliche Organisationsprinzipien der Lagerung und stellen Sie diese graphisch dar.	BA GBWL MAWI MA FIDL ORG

Lösung C.1.20	Bilder PW.C.1.(135) bis PW.C.1.(138)

Die Lagerung ist eine fertigungsnahe industrielle Dienstleistung für die Fertigungshauptprozesse.

Lager sind abgegrenzte Bereiche des Produktionssystems eines Unternehmens. In ihnen erfolgt die Aufbewahrung von Lagerungsobjekten während des Lagerungsprozesses. Es findet eine zeitliche Transformation statt. Wertschöpfung erfolgt dabei nur dann, wenn während der Lagerung natürliche Prozesse ablaufen.

Räumliche Organisationsprinzipien der innerbetrieblichen Lagerung kennzeichnen die räumliche Struktur der Lagerungsorte im Produktionssystem. Es sind zu unterscheiden:

➢ Bearbeitungsintegriertes Lagerungsprinzip
  auf der Basis der integrierten Lagerung an der Bearbeitungsstation

➢ Zentrales Lagerungsprinzip
  auf der Basis einer zentralen, autonomen Lagerung

➢ Dezentrales Lagerungsprinzip
  auf der Basis einer dezentralen, autonomen Lagerung

Aufgabe C.1.21	Organisationsformen der innerbetrieblichen Lagerung

Definieren Sie zeitliche Organisationsprinzipien der innerbetrieblichen Lagerung und stellen Sie diese graphisch dar.	BA GBWL MAWI MA FIDL ORG

Lösung C.1.21	Bilder PW.C.1.(140) bis PW.C.1.(144)

Zeitliche Organisationsprinzipien der innerbetrieblichen Lagerung beschreiben die quantitative Struktur der Lagerungsobjekte im Zeitablauf. Es sind zu unterscheiden:

> Statisches Lagerungsprinzip
Hier ändert sich die quantitative Struktur der Lagerungsobjekte im Lagerungs-
prozess nicht. Die einmalig eingelagerte Menge bleibt in der gesamten Ver-
weildauer im Lager unverändert und wird am Ende des Lagerungsprozesses
komplett ausgelagert.

> Dynamisches Lagerungsprinzip
Hier ändert sich die quantitative Struktur der Lagerungsobjekte im Lagerungs-
prozess auf folgende Art und Weise:

• Dynamisch-emittierendes Lagerungsprinzip
Die zum Einlagerungszeitpunkt einmalig eingelagerte Menge entspricht der
Fertigungslosgröße. Zu unterschiedlichen Auslagerungszeitpunkten werden
davon Teilmengen entnommen und dem Fertigungsprozess zur Verfügung
gestellt, bis die gesamte Einlagerungsmenge sukzessive ausgelagert wurde.

• Dynamisch-absorbierendes Lagerungsprinzip
Über mehrere Einlagerungszeitpunkte werden sukzessive Teilmengen des
Fertigungsloses in das Lager eingelagert, bis sich die gesamte Losgröße im
Lager befindet. Diese wird zum Auslagerungszeitpunkt in einer einmaligen
Auslagerung komplett dem Lager entnommen und der Fertigung zur
Weiterbearbeitung zur Verfügung gestellt.

• Dynamisch-oszillierendes Lagerungsprinzip
Ein nach diesem Prinzip organisiertes Lager kann sowohl Lagerungsobjekte
beliebiger Mengen im Zeitablauf abgeben (emittieren) als auch aufnehmen
(absorbieren).
Zu unterschiedlichen Einlagerungszeitpunkten können verschiedene Einla-
gerungsmengen aufgenommen bzw. zu unterschiedlichen Auslagerungszeitpunkten abgegeben werden. Nach Abschluss der Bearbeitung aller Arbeitsobjekte des Fertigungsauftrags sind die eingelagerten und die ausgelagerten
Mengen identisch.

Aufgabe C.1.22	Organisationsformen der innerbetrieblichen Lagerung

BA GBWL   Benennen Sie räumliche und zeitliche Organisationsprinzipien der
MAWI   Lagerung.
MA FIDL   Erklären Sie die Art und Weise der Bildung von Organisationsfor-
ORG   men der innerbetrieblichen Lagerung.
           Erläutern und verdeutlichen Sie auf graphischem Wege die Bildung
und Funktionsweise der integrierten Bereitstellungs- und Aufnah-
melagerung.

| **Lösung C.1.22** | Bilder PW.C.1.(146), PW.C.1.(148) |

Zeitliche Organisationsprinzipien der innerbetrieblichen Lagerung beschreiben die
Als räumliche Organisationsprinzipien werden unterschieden:

➢ Bearbeitungsintegriertes Lagerungsprinzip
➢ Zentrales Lagerungsprinzip
➢ Dezentrales Lagerungsprinzip

Als zeitliche Organisationsprinzipien werden unterschieden:

➢ Statisches Lagerungsprinzip
➢ Dynamisch-emittierendes Lagerungsprinzip
➢ Dynamisch-absorbierendes Lagerungsprinzip
➢ Dynamisch-oszillierendes Lagerungsprinzip

Jede Organisationsform der innerbetrieblichen Lagerung entsteht aus der Kombination eines räumlichen mit einem zeitlichen Organisationsprinzip der Lagerung. Auf der Grundlage von drei räumlichen und vier zeitlichen Organisationsprinzipien sind zwölf Kombinationsvarianten – also zwölf Organisationsformen der innerbetrieblichen Lagerung – theoretisch möglich.

Die integrierte Bereitstellungslagerung (IBL) entsteht aus der Kombination des bearbeitungsintegrierten Lagerungsprinzips mit dem dynamisch-emittierenden Lagerungsprinzip.
Die integrierte Aufnahmelagerung (IAL) entsteht aus der Kombination des bearbeitungsintegrierten Lagerungsprinzips mit dem dynamisch-absorbierenden Lagerungsprinzip.
Aus der IBL werden von einem eingelagerten Los sukzessive Lagerungsobjekte entnommen und der Bearbeitungsstation zur Verfügung gestellt.
In der IAL werden diese Lagerungsobjekte nach ihrer Bearbeitung auf der Bearbeitungsstation sukzessive aufgenommen.
Beide Lagerungsvarianten sind direkt an den Produktionsprozess gekoppelt. Sie treten in der Regel gemeinsam auf.

Die graphische Darstellung der Zusammenhänge erfolgt in Bild PW.C.1.(148).

Aufgabe C.1.23	Organisationsformen der Instandhaltung

MA FIDL
ORG

Definieren Sie wesentliche Grundlagen für die Bildung der Organisationsformen der Instandhaltung.

Was ist unter dem räumlichen Organisationsprinzip der Instandhaltung zu verstehen?

Welche Organisationsformen sind zu unterscheiden? Welche Organisationsform der Instandhaltung ist sinnvoller Weise in der Fließfertigung einzusetzen?

Lösung C.1.23	Bilder PW.C.1.(201) bis PW.C.1.(203), PW.C.1.(213) Bilder PW.C.1.(220), PW.C.1.(221)

Die Instandhaltung ist eine fertigungsnahe industrielle Dienstleistung für die Fertigungshauptprozesse. Sie dient der Aufrechterhaltung der Kapazität und der Fähigkeit zu produzieren. Die Organisationsformen der Instandhaltung müssen bestmöglich auf die Organisationsformen der Fertigungshauptprozesse abgestimmt sein.

Es wird davon ausgegangen, dass die Organisationsformen der Instandhaltung durch die Kombination räumlicher, zeitlicher und technischer Organisationsprinzipien entstehen.

Das räumliche Organisationsprinzip der Instandhaltung bestimmt einerseits den Ort, an dem die Instandhaltungskapazität vorgehalten wird und andererseits den Ort der Ausführung der Instandhaltungsmaßnahmen.

Wenn der Standort der Instandhaltungskapazität unternehmensgleich ist, dann handelt es sich um Eigeninstandhaltung mit den Varianten organisationsformgleich und organisationsformfremd. In letztem Falle ist nach dezentralisierter oder zentralisierter Eigeninstandhaltung zu unterscheiden.

Wenn der Standort der Instandhaltungskapazität unternehmensfremd ist, dann handelt es sich um Fremdinstandhaltung mit den Varianten dezentralisiert und zentralisiert.

Als Organisationsformen der Instandhaltung sind zu unterscheiden:
➤ Integrierte Eigeninstandhaltung
➤ Dezentrale Eigeninstandhaltung
➤ Zentrale Eigeninstandhaltung
➤ Dezentrale Fremdinstandhaltung
➤ Zentrale Fremdinstandhaltung

Für die Fließfertigung ist die dezentrale Eigeninstandhaltung einzusetzen.
Mit Abstrichen ist auch die dezentrale Fremdinstandhaltung einsetzbar.

Alle anderen Organisationsformen der Instandhaltung besitzen entweder keine
oder eine sehr schwache Bedeutung für die Anwendung in der Fließfertigung.

C.2 Produktionsplanung und -steuerung

Aufgabe C.2.1	Produktionsmanagement

BA ABWL
PW

Erläutern Sie die Phasengliederung des Produktionsmanagement.
Welche Aufgaben sind in allen Phasen mit unterschiedlicher Differenzierbarkeit zu lösen?
Nennen Sie ausgewählte Beispiele für Aufgaben, die in der Phase mit dem kürzesten Zeithorizont zu realisieren sind.

Lösung C.2.1	Bilder PW.C.2.(3), PW.C.2.(4)

Im Rahmen der Phasengliederung werden die strategische, die taktische und die operative Phase des Produktionsmanagement unterschieden.
In allen Phasen finden die

➢ Programmplanung,
➢ Faktorplanung und die
➢ Prozessplanung

statt.

Die Phase mit dem kürzesten Zeithorizont ist die operative Phase. Im Rahmen des operativen Produktionsmanagement sind folgende Aufgaben zu lösen:

➢ Operative Programmplanung
  • Planung des Produktionsprogramms nach Produktart und -menge
  • Serien- und Losgrößenbestimmung

➢ Operative Faktorplanung
  • Teilebedarfs- und Werkstoffplanung
  • Eigenproduktion und Fremdbeschaffung
  • Planung benötigter Arbeitskräfte und Betriebsmittel

➢ Operative Prozessplanung und -steuerung
  • Kapazitäts- und Durchlaufterminierung
  • Bedarfsgerechte Gestaltung der Kapazität
  • Belastungs- und Reihenfolgeplanung
  • Steuerung des Produktionsprozesses

Aufgabe C.2.2	Informationsmanagement in der Produktionsplanung und -steuerung

Definieren und charakterisieren Sie Merkmale und Merkmalsausprägungen zur Ausdifferenzierung von Unternehmenstypen mit unterschiedlichem Anspruch an das Informationsmanagement.

BA ABWL
PW

Welche Kombination der Merkmalsausprägungen ist typisch für
kleine und mittlere Unternehmen?
Welche Spezifik der Bearbeitung des Auftragsdurchlaufs liegt für
diese Unternehmen vor?

Lösung C.2.2	Bild PW.C.2.(7)

➢ Outputseitige Merkmale
  • Standardisierungsgrad der Produkte
  • Struktur der Produkte
  • Art der Auftragsauslösung
  • Fertigungsart

➢ Throughputseitiges Merkmal
  • Fertigungsart

➢ Inputseitiges Merkmal
  • Anteil des Fremdbezugs

Merkmalsausprägungen und deren KMU-typische Kombination werden in Bild
PW.C.2.(7) dargestellt.

Die acht Teilprozesse der Bearbeitung des Auftragsdurchlaufs in KMU lauten:

(1) Anfragebearbeitung
(2) Auftragsbearbeitung
(3) Entwicklung
(4) Arbeitsplanung
(5) Produktionsplanung
(6) Beschaffung
(7) Produktionssteuerung
(8) Versand

Sie werden in KMU nacheinander abgearbeitet.

Aufgabe C.2.3	Planung des Jahresproduktionsprogramms

BA ABWL PW	Welche Aufgabe verfolgt die Planung des Jahresproduktionsprogramms? Welche Bedeutung besitzt in diesem Zusammenhang die Produktfelddefinition? Stellen Sie ein Beispiel für ein Produktfeld und dessen Untergliederung dar.

Lösung C.2.3	Bild PW.C.2.(19)

Die Planung des Jahresproduktionsprogramms ist eine Teilplanungsstufe der operativen (kurzfristigen) Programmplanung. Sie legt fest, welche Erzeugnisarten mit welchen Stückzahlen und mit welcher Qualität im Planjahr zu produzieren sind.

Die Grundlagen dafür werden in der strategischen und der taktischen Produktionsprogrammplanung geschaffen. Die strategische Programmplanung wählt das Produktfeld aus, in dem das Unternehmen tätig werden soll.

Unter einem Produktfeld versteht man die Gesamtheit von Produktvarianten, die sich auf ein allgemeines Grundprodukt zurückführen lassen. Das heißt, die zum gleichen Produktfeld gehörenden Erzeugnisse sind Erscheinungsformen desselben Grundprodukts.

Als Beispiel ist das Produktfeld „Schuhe" darstellbar. Es gliedert sich in verschiedene Erzeugnistypen, die zu diesem Produktfeld gehören:

➢ Sportschuh
➢ Damenschuh
➢ Herrenschuh
➢ Kinderschuh

Jeder dieser Erzeugnistypen ist in Modelle untergliederbar. Für den Sportschuh wären das:

➢ Laufschuh
➢ Fußballschuh
➢ Tennisschuh

Jedes dieser Modelle ist weiter strukturierbar in Varianten und Größen.

Aufgabe C.2.4	Planung des Jahresproduktionsprogramms

In einem Unternehmen besteht eine Nachfrage nach den zu produzierenden Produkten A, B und C.

BA ABWL
PW

Teilaufgaben:
1. Bestimmen Sie auf der Basis der Deckungsbeitragsrechnung das
   Produktionsprogramm, das unter voller Ausnutzung der gegebenen Kapazität des Engpasses einen maximalen Deckungsbeitrag
   sichert. Dabei darf die Nachfragemenge nicht überschritten werden.
2. Bestimmen Sie den Gewinn, den das Unternehmen mit diesem
   Produktionsprogramm erzielt, wenn die Fixkosten 1000 € betragen.
3. Überprüfen Sie die Ausnutzung der Kapazität des Engpasses und
   geben Sie an, wie das bisher erzielte Ergebnis verbessert werden
   kann.

Gegeben:

		Produkt A	Produkt B	Produkt C
Nachfragemenge	[Stück]	300	400	800
Verkaufspreis	[€/Stück]	5,00	3,00	4,00
Variable Kosten	[€/Stück]	2,00	2,50	3,00
Inanspruchnahme des Engpasses durch die Produkte	[min/Stück]	90	10	15
Gesamtkapazität Engpass	[h]	500		

Lösung C.2.4	

1. Teilaufgabe

Bestimmung der Rangfolge der Produkte hinsichtlich maximal erzielbarem Deckungsbeitrag pro genutzter Stunde des Engpasses:

		Produkt A	Produkt B	Produkt C
Verkaufspreis	[€/Stück]	5,00	3,00	4,00
Variable Kosten	[€/Stück]	2,00	2,50	3,00
Deckungsbeitrag	[€/Stück]	3,00	0,50	1,00
Inanspruchnahme des Engpasses durch die Produkte	[min/Stück]	90	10	15
	[h/Stück]	3/2	1/6	1/4
Spezifischer Deckungsbeitrag	[€/h]	2,00	3,00	4,00
Rangfolge		**3**	**2**	**1**

Bestimmung der Produktionsmenge ausgehend von der Rangfolge und dem Kapazitätsangebot im Engpass:

Rangfolge der Produkte	Nachfrage-menge [Stück]	Produktions-koeffizient [h/Stück]	Produktions-menge [Stück]	Kapazitäts-bedarf [h]	Rest-kapazität [h]
C	800	1/4	800	200:00	300:00
B	400	1/6	400	66:40	233:20
A	300	3/2	155	232:30	0:50

2. Teilaufgabe

Ermittlung des mit dieser Produktionsmenge zu erwirtschaftenden Deckungsbeitrags und Gewinns:

Produkt A   155 Stück · 3,00 €/Stück = 465 €
Produkt B   400 Stück · 0,50 €/Stück = 200 €
Produkt C   800 Stück · 1,00 €/Stück = 800 €
Deckungsbeitrag   1465 €
Fixkosten   −1000 €
Gewinn   465 €

3. Teilaufgabe

Verbesserung der Lösung durch Nutzung der Restkapazität im Engpass:

Es ist zu überprüfen, ob die Nutzung der Restkapazität (50 min) im Engpass zu einer Verbesserung der bisher gefundenen Lösung führt.

Die Restkapazität kann nur durch die Herstellung eines weiteren Produkts A vollständig genutzt werden. Da dies 90 min erfordert, muss das bisherige Produktionsprogramm bezüglich Produkt B um 4 Stück reduziert werden. Das führt zu einer Erhöhung des Deckungsbeitrags um 1,00 €.

Endgültiges (optimales) Produktionsprogramm:

Produkt A   156 Stück · 3,00 €/Stück = 468 €
Produkt B   396 Stück · 0,50 €/Stück = 198 €
Produkt C   800 Stück · 1,00 €/Stück = 800 €
Deckungsbeitrag   1466 €
Fixkosten   −1000 €
Gewinn   466 €

Aufgabe C.2.5	Planung eines Monatsproduktionsprogramms

Für ein Unternehmen ist die Entscheidung über das Produktionsprogramm für einen Monat zu fällen. Die Erzeugnisse A und B werden in drei Kapazitätseinheiten bearbeitet. Die Produktion erfolgt einschichtig. Die Kapazitätssituation ist durch nachstehend genannte Angaben gekennzeichnet. Das Unternehmen muss aufgrund von vertraglichen Vereinbarungen von jeder Erzeugnisart mindestens 5 Stück produzieren.

BA ABWL
PW

Es ist ein solches Produktionsprogramm zu ermitteln, das einen möglichst hohen Deckungsbeitrag sichert. Die Produktionsmenge darf die Nachfragemenge nicht überschreiten.

Teilaufgaben:
1. Analysieren Sie die Engpasssituation bei der Herstellung der Erzeugnisse A und B in den drei Kapazitätseinheiten.
2. Bestimmen Sie die Erzeugnisstückzahlen für das Produktionsprogramm.
3. Ermitteln Sie den Deckungsbeitrag, der bei Realisierung des Produktionsprogramms erzielt werden kann.
4. Was ist zu tun, damit die Nachfragemenge in vollem Umfang produziert werden kann?
   a) Schlagen Sie dazu zwei prinzipiell mögliche Maßnahmen vor.
   b) Geben Sie für eine Maßnahme die konkreten Veränderungen (exakte Quantifizierung) an.
   c) Interpretieren Sie diese Maßnahme hinsichtlich ihrer Realisierbarkeit.

Gegeben:

Kapazitätseinheit	Kapazitätsbedarf pro Erzeugniseinheit [h/Stück]		Kapazitätsangebot pro Kapazitätseinheit [h]
	A	B	
1	40	20	1000
2	50	30	1500
3	60	50	1230

		Produkt A	Produkt B
Verkaufspreis	[€/Stück]	1500	1300
Variable Kosten	[€/Stück]	1000	800
Nachfrage	[Stück]	21	15
Mindestproduktionsmenge	[Stück]	5	5

Lösung C.2.5	

1. Teilaufgabe

Bestimmung der pro Kapazitätseinheit maximal produzierbaren Stückzahl pro Erzeugnisart:

$$xm_j = \min_i \left\{ \frac{ZF_{KA_i}}{a_{ij}} \right\}$$

xm_j [Stück]	A	B
KE 1	25	50
KE 2	30	50
KE 3	20,5 → 20	24,6 → 24

Die Kapazitätseinheit 3 stellt den Engpass dar, weil die Stückzahl beider Erzeugnisse von dieser Kapazitätseinheit begrenzt wird.

2. Teilaufgabe

Produktion der Mindeststückzahl des Produktionsprogramms und Betrachtung der Kapazitätseinheit 3, weil dort der Engpass ist:

		A	B	Σ
Mindeststückzahl	[Stück]	5	5	-
Produktionskoeffizient	[h/Stück]	60	50	-
Kapazitätsbedarf	[h]	300	250	550

Restkapazität im Engpass nach Produktion der Mindeststückzahlen:
$$1230\,h - 550\,h = 680\,h$$

Ermittlung der Rangfolge der Erzeugnisse im Engpass (KE 3):

		A	B
Deckungsbeitrag	[€/Stück]	500	500
Produktionskoeffizient	[h/Stück]	60	50
Spezifischer Deckungsbeitrag	[€/h]	8,33	10,00
Rangfolge		2	1

Nutzung der Restkapazität im Engpass:
Produktion der Erzeugnisart B (Rang 1), dann Erzeugnisart A (Rang 2)

		B	A
Reststückzahl	[Stück]	10	16
Maximal produzierbar	[Stück]	13,6 → 13	3
Produktionsstückzahl	[Stück]	10	3
Kapazitätsbedarf	[h]	500	180
Restkapazität	[h]	180	0

Das Produktionsprogramm besteht aus:

$$x_A = 5 + 3 = 8 \text{ Stück}$$
$$x_B = 5 + 10 = 15 \text{ Stück}$$

3. Teilaufgabe

Der Deckungsbeitrag, der mit dem o. g. Produktionsprogramm erzielbar ist, beträgt 11500 €.

4. Teilaufgabe

a) Prinzipielle Möglichkeiten:

- Kapazitätsangebot erhöhen (z. B. durch Überstunden, Sonderschichten, Kapazitätserweiterung durch Investition und Neueinstellung, Erhöhung des Planungsfaktors, Fremdvergabe von Aufträgen)
- Kapazitätsbedarf verringern (z. B. durch Rationalisierung, Erhöhung des Zeitgrades)
- Kombination der 1. und 2. Möglichkeit

b) Maßnahmen für konkrete Veränderungen:

- Entweder: Erhöhung des Kapazitätsangebots (alle Angaben in [h]):

	ZF_{KA}	$KB_{Z(A)}$	$KB_{Z(B)}$	$KB_{Z(\Sigma)}$	Defizit
KE 1	1000	840	300	1140	140
KE 2	1500	1050	450	1500	0
KE 3	1230	1260	750	2010	780

In der 1. KE ist das Kapazitätsangebot um 140 h zu erhöhen.

In der 2. KE ist das Kapazitätsangebot exakt ausreichend.

In der 3. KE ist das Kapazitätsangebot um 780 h zu erhöhen.

- Oder: Verringerung des Kapazitätsbedarfs:

Aus der Variante „Erhöhung des Kapazitätsangebots" kann abgeleitet werden, wo der Kapazitätsbedarf gezielt zu reduzieren ist.

c) Interpretation hinsichtlich Realisierbarkeit:

- 1. Variante: Erhöhung des Kapazitätsangebots (z. B. durch Überstunden, Sonderschichten, Erhöhung des Planungsfaktors, Fremdvergabe von Aufträgen)

  In der Engpasskapazitätseinheit 3 beträgt das Defizit 780 h, das sind mehr als 51 % des gesamten Kapazitätsangebots dieser Kapazitätseinheit.

  Damit wird deutlich, dass Überstunden und Sonderschichten (Samstag / Sonntag) nicht zur Problemlösung ausreichen. Die Hälfte des Monats muss zweischichtig gearbeitet werden oder es ist eine Fremdvergabe zu organisieren.

  Ist das Problem in KE 3 gelöst, besteht auch noch in der KE 1 ein Defizit von 140 h (12,3 % des Kapazitätsangebots). Dieses Defizit kann durch Überstunden abgebaut werden.

- 2. Variante: Verringerung des Kapazitätsbedarfs (z. B. durch Rationalisierung, Erhöhung des Zeitgrades)

  In der Engpasskapazitätseinheit 3 muss der Kapazitätsbedarf erheblich reduziert werden. Da das Erzeugnis A mehr als 50 % des gesamten Kapazitätsbedarfes verursacht, muss die Konzentration hierauf erfolgen. Es ist eine Reduzierung von 60 h/Stück auf 30 h/Stück notwendig. Dies erscheint durch Rationalisierung oder Zeitgraderhöhung im vorgegebenen Zeithorizont (Monatsproduktion!) kaum möglich. Auch die Einbeziehung des Erzeugnisses B wird nicht ausreichen. Deshalb ist neben der angestrebten Verringerung des Kapazitätsbedarfs auch eine Erhöhung des Kapazitätsangebots erforderlich.

  In der Kapazitätseinheit 1 existiert ein Defizit von 140 h. Bei einer Konzentration auf Erzeugnis A (es verursacht ca. 73,7 % des gesamten Kapazitätsbedarfs!) ist eine Reduzierung des Fertigungszeitaufwands von 40 h/Stück auf 33:20 h/Stück erforderlich. Dies entspricht einer Leistungssteigerung von 20 %.

Aufgabe C.2.6	Zeitliche Verteilung des Jahresproduktionsprogramms

BA ABWL
PW

Charakterisieren Sie die Bedingungen und die Vorgehensweise im Rahmen der rechnerisch gleichmäßigen Aufteilung eines Produktionsprogramms.

Welche Besonderheiten besitzt die rechnerisch gleichmäßige Aufteilung im Vergleich mit anderen Aufteilungsvarianten?

Auf welche Weise erfolgt die Überprüfung, ob die vorgenommene Verteilung auch realisierbar ist?

Erläutern Sie die Schrittfolge der Überprüfung.

Lösung C.2.6	**Bild PW.C.2.(23)**

Die rechnerisch gleichmäßige Aufteilung des Jahresproduktionsprogramms geht von der Überlegung aus, dass monatlich der zwölfte Teil des Jahresprogramms jeder Erzeugnisart zu produzieren ist. Damit folgt sie der Emanzipation.

Die rechnerisch gleichmäßige Aufteilung setzt einen hohen Bedarf mit gesicherter Fertigungs- und Absatzperspektive für alle Erzeugnisarten voraus. Das bedeutet Massen- bzw. Großserienfertigung.

Eine Besonderheit besteht darin, dass bei der rechnerisch gleichmäßigen Verteilung stets alle Erzeugnisarten in jedem Teilabschnitt des Planungszeitraumes parallel produziert werden.

Eine weitere Besonderheit der Verteilung gegenüber anderen Aufteilungsarten besteht darin, dass erst nach der Verteilung getestet wird, ob die Verteilung realisiert werden kann.

Diese Überprüfung erfolgt durch eine Kapazitätsbilanzierung. Dabei wird nach folgenden Schritten vorgegangen:

(1) Bestimmung des Kapazitätsbedarfs a_{ij} [h/Stück], den ein Stück jeder Erzeugnisart j in jeder Kapazitätseinheit i benötigt

(2) Ermittlung des Kapazitätsbedarfs $KB_{Z_{ij}}$ [h/Monat], den die Monatsstückzahl xm_j jeder Erzeugnisart j in jeder Kapazitätseinheit i zu ihrer Produktion benötigt:

$$KB_{Z_{ij}} = a_{ij} \cdot xm_j$$

(3) Summierung des Kapazitätsbedarfs über alle n Erzeugnisarten:

$$KB_{Z_i} = \sum_{j=1}^{n} a_{ij} \cdot xm_j$$

(4) Durchführung der Kapazitätsbilanzierung für alle Kapazitätseinheiten i mit dem Ergebnis:

$$ZF_{KA_i} = KB_{Z_i}, \ ZF_{KA_i} > KB_{Z_i} \ \text{oder} \ ZF_{KA_i} < KB_{Z_i}$$

(5) Einleitung von Maßnahmen zur bedarfsgerechten Gestaltung der Kapazität (unter Berücksichtigung der Änderung der Verteilung des Jahresproduktionsprogramms) im Falle von $ZF_{KA_i} < KB_{Z_i}$

Aufgabe C.2.7	Zeitliche Verteilung des Jahresproduktionsprogramms

BA ABWL
PW

In einem Betrieb, der Saisonprodukte herstellt, ist eine Aufteilung des Jahresproduktionsprogramms auf Monate vorzunehmen. Die Reihenfolge des Produktionsablaufs ist durch die Indizes der Erzeugnisse vorgegeben. Es sind folgende Stückzahlen pro Jahr zu produzieren: E_1 = 70 Stück, E_2 = 37 Stück, E_3 = 46 Stück.

Der Jahreszeitfonds einer Maschine beträgt 5400 h. Der Jahreszeitfonds einer Arbeitskraft beträgt 1800 h.

Es ist eine solche Lösung zu finden, die die vollständige Realisierung des Produktionsprogramms im Planjahr sichert.

Teilaufgaben:

1. Bestimmen Sie den Zeitfonds des Kapazitätsangebots je Kapazitätseinheit pro Monat und verteilen Sie das Produktionsprogramm auf die Monate. Sorgen Sie mit der von Ihnen ermittelten zeitlichen Verteilung für eine möglichst gute Nutzung des Kapazitätsangebots und beachten Sie die Prämissen bei Streifenprogrammen.

2. Schätzen Sie die gefundene Lösung hinsichtlich der vorgegebenen Zielstellung ein und ermitteln Sie eine ökonomisch sinnvolle Maßnahme zur Lösung des Kapazitätsproblems. Gehen Sie davon aus, dass der Kapazitätsbedarf nicht verändert werden kann, jedoch weder technologische noch qualifizierungsseitige Begrenzungen bei den Potenzialfaktoren existieren.

3. Weisen Sie die Realisierbarkeit Ihrer Maßnahme nach und geben Sie die auf dieser Grundlage ermittelte (vollständige!) Verteilung des Jahresproduktionsprogramms an.

Gegeben:

	Betriebs-mittel [Stück]	Arbeits-kräfte [Stück]	Kapazitätsbedarf [h/Stück]		
			E_1	E_2	E_3
KE 1	3	6	50	40	60
KE 2	4	7	70	60	80
KE 3	5	8	90	100	100
KE 4	2	4	20	55	40

Formelsammlung:

$$xm_j = \min_i \left\{ \frac{ZF_{KA_i}}{a_{ij}} \right\} \ [\text{Stück/Monat}]$$

$$xm_{j(\ddot{U})} = \min_i \left\{ \frac{ZF_{KA_{i(R)}}}{a_{ij}} \right\} \ [\text{Stück/Monat}]$$

$$xm_{j(R)} = xa_j - xm_{j(\ddot{U})} - xm_j \cdot (L_j - 1) \ [\text{Stück/Monat}]$$

$$L_j = \frac{xa_j - xm_{j(\ddot{U})}}{xm_j} \ [\text{Monat/Jahr}]$$

$$ZF_{KA_{i(R)}} = ZF_{KA_i} - \left(a_{ij} \cdot xm_{j(R)} \right) \ [\text{h/Monat}]$$

$$KB_{Z_i} = \sum_{j=1}^{n} a_{ij} \cdot xm_j \ [\text{h/Monat}]$$

Lösung C.2.7	

1. Teilaufgabe

Bestimmung des Kapazitätsangebots je Kapazitätseinheit pro Monat:

	ZF_{BM} [h/a]	ZF_{AK} [h/a]	ZF_{KA} [h/a]	ZF_{KA} [h/Monat]
KE 1	16200	10800	10800	900
KE 2	21600	12600	12600	1050
KE 3	27000	14400	14400	1200
KE 4	10800	7200	7200	600

Bestimmung der maximal möglichen Monatsstückzahl:

	ZF_{KA} [h/Monat]	xm_1 [Stück]	xm_2 [Stück]	xm_3 [Stück]
KE 1	900	18	22	15
KE 2	1050	15	17	13
KE 3	1200	13	12	12
KE 4	600	30	10	15

Verteilung des ersten Erzeugnisses:

$$L_1 = \frac{xa_1}{xm_1} = \frac{70\dfrac{\text{Stück}}{\text{Jahr}}}{13\dfrac{\text{Stück}}{\text{Monat}}} = 5,38\frac{\text{Monate}}{\text{Jahr}}$$

d. h. 5 Monate 13 Stück + 5 Stück im 6. Monat = 70 Stück

[Stück]	Monat											
	1	2	3	4	5	6	7	8	9	10	11	12
Erzeugnis 1	13	13	13	13	13	5						

Bestimmung der Stückzahl von E_2 an der ersten Überlappungsstelle:

	ZF_{KA} [h/Monat]	$5 \cdot KB_{Z1}$ [h/Monat]	$ZF_{KA(R)}$ [h/Monat]	$xm_{2(Ü)}$ [Stück]
KE 1	900	250	650	16
KE 2	1050	350	700	11
KE 3	1200	450	750	7
KE 4	600	100	500	9

Verteilung des zweiten Erzeugnisses:

$$L_2 = \frac{xa_2 - xm_{2(Ü)}}{xm_2} = \frac{37 - 7}{10} = 3\frac{\text{Monate}}{\text{Jahr}}$$

d. h. 7 Stück + 3 Monate 10 Stück = 37 Stück

[Stück]	Monat											
	1	2	3	4	5	6	7	8	9	10	11	12
Erzeugnis 1	13	13	13	13	13	5						
Erzeugnis 2							7	10	10	10		

Überprüfung, ob mit der Restkapazität im 9. Monat noch am Erzeugnis E_3 gearbeitet werden kann.

Bestimmung der Stückzahl von E_3 an der zweiten Überlappungsstelle:

	ZF_{KA} [h/Monat]	$10 \cdot KB_{Z2}$ [h/Monat]	$ZF_{KA(R)}$ [h/Monat]	$xm_{3(Ü)}$ [Stück]
KE 1	900	400	500	8
KE 2	1050	600	450	5
KE 3	1200	1000	200	2
KE 4	600	550	50	1

Verteilung des dritten Erzeugnisses:

$$L_3 = \frac{xa_3 - xm_{3(Ü)}}{xm_3} = \frac{46-1}{12} = 3,75 \frac{\text{Monate}}{\text{Jahr}}$$

d. h. 1 Stück + 3 Monate 12 Stück + 9 Stück = 46 Stück

[Stück]	Monat											
	1	2	3	4	5	6	7	8	9	10	11	12
Erzeugnis 1	13	13	13	13	13	5						
Erzeugnis 2							7	10	10	10			
Erzeugnis 3									1	12	12	12

Rest: 9 Stück

Das bedeutet, dass 9 Stück der Erzeugnisart E_3 im Planzeitraum nicht gefertigt werden können.

2. Teilaufgabe

➤ Die 9 Stück von Erzeugnis E_3 können nicht gefertigt werden, weil die maximal mögliche Monatsstückzahl ausgehend von der maximalen Leistungsfähigkeit der jeweiligen Engpasskapazität bestimmt wurde.

➤ Die zur Realisierung des kompletten Produktionsprogramms erforderliche Kapazität steht grundsätzlich im Betrieb zur Verfügung, weil die vorgegebenen Stückzahlen das Ergebnis einer Jahresproduktionsprogrammplanung sind, bei der eine Kapazitätsbilanzierung und -gestaltung durchgeführt wurde.

➤ Prinzipielle Lösung des Problems:
 • Engpasskapazität(en) finden und Begrenzungen erweitern (hier: KE 3)
 • Maßnahmen festlegen zur Kapazitätserweiterung des Engpasses
   Hier: Umsetzung einer Arbeitskraft von der Kapazitätseinheit mit den größten Reserven („Nicht-Engpass" KE 1) zum Engpass (KE 3)

3. Teilaufgabe

➤ Bestimmung der maximal möglichen Monatsstückzahl:

	ZF_{KA} [h/Monat]	xm_1 [Stück]	xm_2 [Stück]	xm_3 [Stück]
KE 1	750	15	18	12
KE 2	1050	15	17	13
KE 3	1350	15	13	13
KE 4	600	30	10	15

Verteilung des ersten Erzeugnisses:

$$L_1 = \frac{xa_1}{xm_1} = \frac{70}{15} = 4,67 \frac{\text{Monate}}{\text{Jahr}}$$

d. h. 4 Monate 15 Stück + 10 Stück im 5. Monat = 70 Stück

[Stück]	Monat											
	1	2	3	4	5	6	7	8	9	10	11	12
Erzeugnis 1	15	15	15	15	10							

Bestimmung der Stückzahl von E_2 an der ersten Überlappungsstelle:

	ZF_{KA} [h/Monat]	$10 \cdot KB_{Z1}$ [h/Monat]	$ZF_{KA(R)}$ [h/Monat]	$xm_{2(\ddot{U})}$ [Stück]
KE 1	750	500	250	6
KE 2	1050	700	350	5
KE 3	1350	900	450	4
KE 4	600	200	400	7

Verteilung des zweiten Erzeugnisses:

$$L_2 = \frac{xa_2 - xm_{2(\ddot{U})}}{xm_2} = \frac{37 - 4}{10} = 3,3 \frac{\text{Monate}}{\text{Jahr}}$$

d. h. 4 Stück + 3 Monate 10 Stück + 3 Stück = 37 Stück

[Stück]	Monat											
	1	2	3	4	5	6	7	8	9	10	11	12
Erzeugnis 1	15	15	15	15	10							
Erzeugnis 2					4	10	10	10	3			

Bestimmung der Stückzahl von E_3 an der zweiten Überlappungsstelle:

	ZF_{KA} [h/Monat]	$3 \cdot KB_{Z2}$ [h/Monat]	$ZF_{KA(R)}$ [h/Monat]	$xm_{3(\ddot{U})}$ [Stück]
KE 1	750	120	630	10
KE 2	1050	180	870	10
KE 3	1350	300	1050	10
KE 4	600	165	435	10

Verteilung des dritten Erzeugnisses:

$$L_3 = \frac{xa_3 - xm_{3(\ddot{U})}}{xm_3} = \frac{46 - 10}{12} = 3,0 \frac{Monate}{Jahr}$$

d. h. 10 Stück + 3 Monate 12 Stück = 46 Stück

[Stück]	Monat											
	1	2	3	4	5	6	7	8	9	10	11	12
Erzeugnis 1	15	15	15	15	10							
Erzeugnis 2					4	10	10	10	3			
Erzeugnis 3									10	12	12	12

Rest: 0 Stück

Das bedeutet, dass alle Erzeugnisse im Planjahr gefertigt werden können. Das Jahresproduktionsprogramm ist vollständig auf die Monate verteilt worden.

Aufgabe C.2.8	Teilebedarfsermittlung

Welche Aufgaben verfolgt die Teilebedarfsermittlung und welcher Grundlagen bedient sie sich bei der Aufgabenlösung?
Welche Stücklisten zur Mengen- und Erzeugnisstrukturermittlung sind zu unterscheiden?
Bewerten Sie deren Vor- und Nachteile. Nutzen Sie dazu die gegebene Tabelle.

BA ABWL
PW

Lösung C.2.8	Bilder PW.C.2.(31) bis PW.C.2.(35)

Die Teilebedarfsermittlung hat die Aufgabe, die Erzeugnisse in ihre Baugruppen und Einzelteile aufzulösen und die Häufigkeit ihres Vorkommens im Erzeugnis zu ermitteln sowie den Bedarf an Einzelteilen und Baugruppen pro Planperiode zu bestimmen. Die Grundlagen dafür bilden die Stückliste und der Erzeugnisstrukturbaum.

Folgende Stücklisten zur Mengen- und Erzeugnisbestimmung sind zu unterscheiden:

➢ Mengenübersichtsstückliste
➢ Strukturstückliste
 • Einfache Strukturstückliste
 • Mehrstufige Strukturstückliste
 • Baukastenstückliste

Die Darstellung der Vor- und Nachteile dieser Stücklistenarten erfolgt durch Übertragung des Inhalts von Bild PW.C.2.(35) des Lehrbuchs in die vorgegebene Tabelle.

	Stücklistenarten			
	Mengenübersichts-stückliste	Einfache Strukturstückliste	Mehrstufige Strukturstückliste	Baukasten-stückliste
Vorteile				
Nachteile				

Aufgabe C.2.9	Teilebedarfsermittlung

BA ABWL
PW Ein Erzeugnis besteht aus verschiedenen Einzelteilen und Baugruppen unterschiedlicher Ordnung.

Teilaufgaben:
1. Entwickeln Sie für das Erzeugnis die synthetische Erzeugnisstruktur und kennzeichnen Sie die Komplettierungsstufen. Es sind die Schritte für die Entwicklung dieser Erzeugnisstruktur anzugeben!
2. Ermitteln Sie für jeden Erzeugnisbestandteil (Identitäts-Nummer) das Vorkommen im Gesamterzeugnis. Das Fertigerzeugnis wird mit 50 Stück produziert. Ermitteln Sie dafür die Häufigkeit der Erzeugnisbestandteile!
3. Stellen Sie die Baukastenstückliste auf!

Gegeben:

Identitäts-Nr.	Bestandteile
137	4 x 506
144	2 x 401
161	3 x 402; 1 x 397
201	2 x 144; 3 x 137; 3 x 506
203	3 x 137; 2 x 161
205	3 x 201; 2 x 203
397	-
401	-
402	-
506	-

Lösung C.2.9	

1. Teilaufgabe

Entwicklung der synthetischen Erzeugnisstruktur:

1. Schritt:

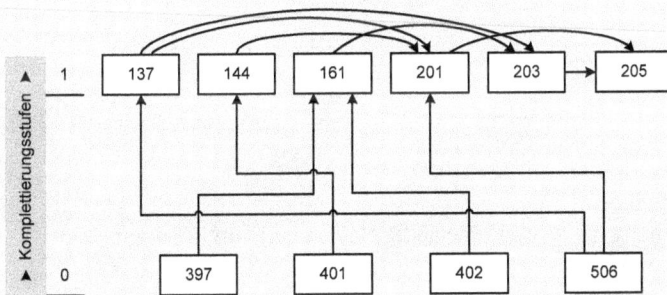

2. Schritt:

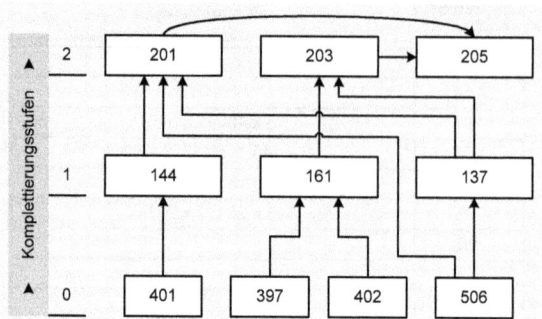

3. Schritt:

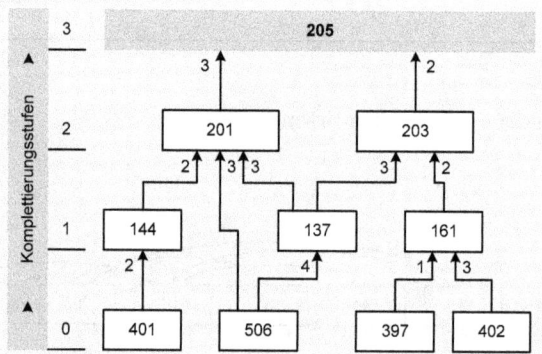

2. Teilaufgabe

Berechnung des Vorkommens der Bestandteile im Erzeugnis 205:

Ident.-Nr.	Vorkommen bei 1 · E 205	Vorkommen 50 · E 205
201	3	150
203	2	100
137	9 + 6 = 15	750
144	6	300
161	4	200
397	4	200
397	12	600
401	12	600
402	9 + 24 + 36 = 69	3450

3. Teilaufgabe

Baukastenstückliste für das Erzeugnis 205:

E 200 besteht aus:		
Ident.-Nr.	**Bezeichnung**	**Menge**
201	BG	3
203	BG	2

BG 201 besteht aus:		
Ident.-Nr.	**Bezeichnung**	**Menge**
137	BG	3
144	BG	2
506	ET	3

BG 203 besteht aus:		
Ident.-Nr.	**Bezeichnung**	**Menge**
137	BG	3
161	BG	2

BG 137 besteht aus:		
Ident.-Nr.	**Bezeichnung**	**Menge**
506	ET	4

BG 144 besteht aus:		
Ident.-Nr.	**Bezeichnung**	**Menge**
401	ET	2

BG 161 besteht aus:		
Ident.-Nr.	**Bezeichnung**	**Menge**
397	ET	1
402	ET	3

Aufgabe C.2.10	Teilebedarfsermittlung

BA ABWL
PW

Das Erzeugnis 200 besteht aus verschiedenen Einzelteilen und Baugruppen unterschiedlicher Ordnung.

Teilaufgaben:
1. Geben Sie die Bezeichnung für die vorgegebene Stückliste an
   und charakterisieren Sie mindestens drei wesentliche Merkmale
   dieser Stücklistenart.
2. Leiten Sie aus der Stückliste eine synthetische Erzeugnisstruktur
   ab. Entwickeln Sie diese Erzeugnisstruktur in mindestens zwei
   Schritten.
3. Ermitteln Sie den Nettobedarf für die Erzeugnisbestandteile unter nachfolgend aufgeführten Bedingungen:
   - Vom kompletten Erzeugnis sollen im betrachteten Zeitraum
     23 Stück abgesetzt werden.
   - Im Fertigwarenlager befinden sich zu Beginn der Planperiode
     3 Fertigerzeugnisse. Ein Bestand am Ende der Planperiode
     soll nicht existieren.
   - Im Zwischenlager liegen bereits fertig gestellte Einzelteile
     und Baugruppen (siehe gegebene Tabelle).

Gegeben:

Stückliste

E 200 besteht aus:

Ident.-Nr.	Bezeichnung	Menge
201	BG	3
203	BG	1
209	BG	4

BG 201 besteht aus:

Ident.-Nr.	Bezeichnung	Menge
144	BG	2
137	BG	2

BG 203 besteht aus:

Ident.-Nr.	Bezeichnung	Menge
144	BG	1
161	BG	2
153	BG	3
408	ET	3

(Fortsetzung der Stückliste auf Folgeseite)

BG 209 besteht aus:	IdentNr.	Bezeichnung	Menge
	189	BG	1
	191	BG	3

BG 144 besteht aus:	IdentNr.	Bezeichnung	Menge
	408	ET	2

BG 161 besteht aus:	IdentNr.	Bezeichnung	Menge
	397	ET	3

BG 189 besteht aus:	IdentNr.	Bezeichnung	Menge
	397	ET	2

BG 137 besteht aus:	IdentNr.	Bezeichnung	Menge
	402	ET	3

BG 153 besteht aus:	IdentNr.	Bezeichnung	Menge
	402	ET	2

BG 191 besteht aus:	IdentNr.	Bezeichnung	Menge
	506	ET	2

Erzeugniskomponentenbestand im Zwischenlager:

IdentNr.	Anzahl [Stück]
209	20
153	14
191	40
402	60
408	78
506	80

Lösung C.2.10	

1. Teilaufgabe

Bezeichnung und Merkmale einer Stückliste:

Bei der vorgegebenen Stückliste handelt es sich um eine Baukastenstückliste. Sie ist durch folgende Merkmale gekennzeichnet:

➤ Sie ist strukturiert nach Bestandteilen von Baugruppen unterschiedlicher Ordnung. Die Bestandteile werden bei mehrfachem Vorkommen auch mehrfach in der Baukastenstückliste benannt.

➤ Die Erzeugnisstruktur als Gesamtdarstellung ist optisch nicht erkennbar, kann aber leicht abgeleitet werden.

➢ Die Menge des Vorkommens einer Identitätsnummer erfolgt nicht in Bezug auf das Gesamterzeugnis, sondern immer in Bezug auf die übergeordnete Baugruppe.

➢ Die Baukastenstückliste ist gut geeignet für die Darstellung der Bestandteile komplexer Erzeugnisse.

2. Teilaufgabe

Entwicklung der synthetischen Erzeugnisstruktur:

1. Schritt:

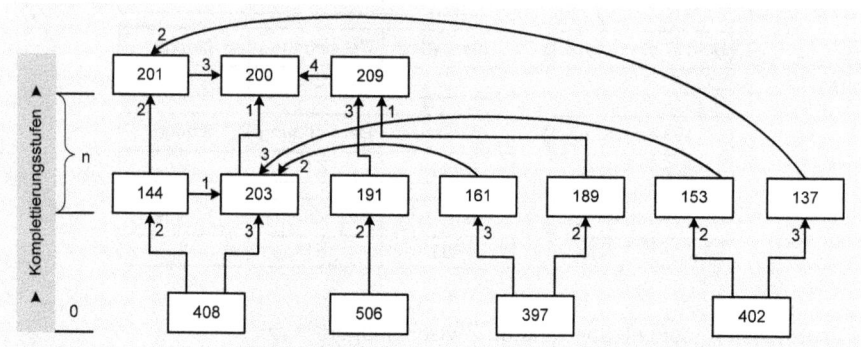

2. Schritt:

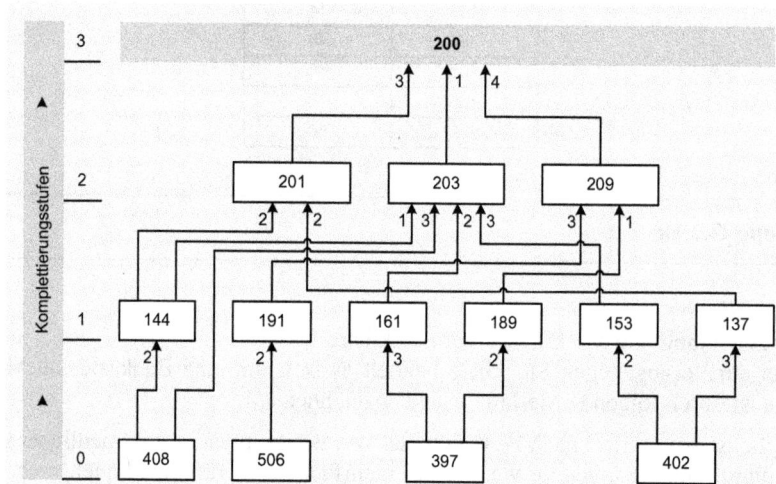

3. Teilaufgabe

Ermittlung des Nettobedarfs:

Komplettierungstufe	Ident.-Nr.	Nettobedarf
0	408	262
	506	200
	397	240
	402	392
1	144	140
	191	140
	161	40
	189	60
	153	46
	137	120
2	201	60
	203	20
	209	60
3	200	20

Aufgabe C.2.11	Teilebedarfsermittlung

Ein Erzeugnis besteht aus verschiedenen Einzelteilen und Baugruppen unterschiedlicher Ordnung.

BA ABWL
PW

Teilaufgaben:

1. Entwickeln Sie für das Erzeugnis die synthetische Erzeugnisstruktur. Dabei sind die Teilschritte für die Entwicklung dieser Erzeugnisstruktur anzugeben.
   Kennzeichnen Sie die Ebenen dieser Erzeugnisstruktur und benennen Sie die pro Ebene vorkommenden Arten von Erzeugnisbestandteilen.
2. Ermitteln Sie für jeden Erzeugnisbestandteil (Identitäts-Nr.) das Vorkommen im Gesamterzeugnis. Das Fertigerzeugnis wird mit 150 Stück produziert. Ermitteln Sie dafür die Häufigkeit der Erzeugnisbestandteile.
3. Berechnen Sie den Nettosekundärbedarf an Erzeugnisbestandteilen für 150 Erzeugnisse unter der Voraussetzung, dass auf die Lagerbestände (gegeben in Tabelle 2) zurückgegriffen werden kann.

Gegeben:

Es liegen folgende Daten aus der Stückliste vor (Tabelle 1):

Ident.-Nr.	Bestandteile
210	-
215	-
220	-
225	-
305	4 x 315; 2 x 215
310	3 x 215; 1 x 225
315	3 x 210; 2 x 220
430	3 x 215; 2 x 305; 3 x 310

Auf folgende Lagerbestände kann zurückgegriffen werden (Tabelle 2):

Ident.-Nr.	Lagerbestand [Stück]
305	100
310	100
315	200
210	500
215	500
220	500

Lösung C.2.11	

1. Teilaufgabe
Entwicklung einer synthetischen Erzeugnisstruktur

1. Schritt:

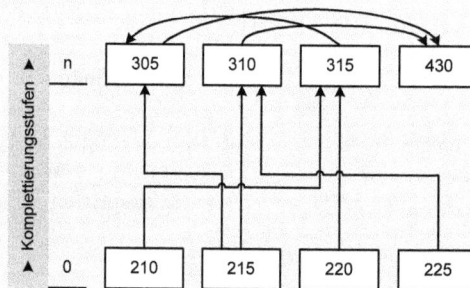

2. Schritt:

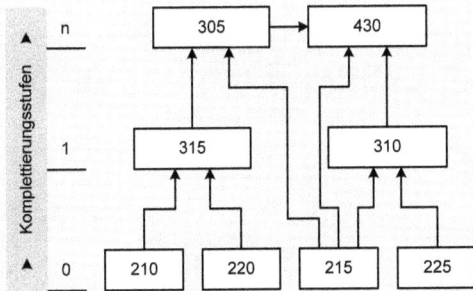

3. Schritt:

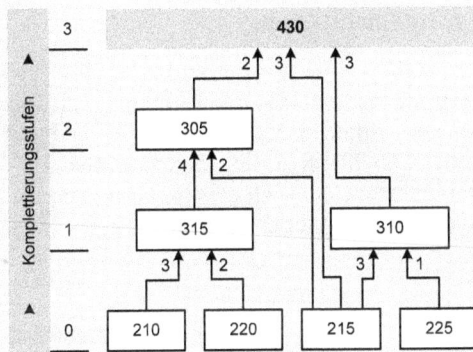

2. Teilaufgabe

Berechnung der Häufigkeiten der Erzeugnisbestandteile:

Ident.-Nr.	Vorkommen bei 1 · E 430	Vorkommen bei 150 · E 430
305	2	300
310	3	450
315	$2 \cdot 4 = 8$	1200
210	$3 \cdot 4 \cdot 2 = 24$	3600
215	$3 \cdot 3 + 3 + 2 \cdot 2 = 16$	2400
220	$2 \cdot 4 \cdot 2 = 16$	2400
225	$1 \cdot 3 = 3$	450

3. Teilaufgabe

Berechnung des Nettosekundärbedarfs für 150 Erzeugnisse:

Ident.-Nr.	Direkter Lager-bestand	Indirekt im Lager 100 · BG 305	Indirekt im Lager 100 · BG 310	Indirekt im Lager 100 · BG 315	Lager-bestand gesamt	Netto-sekundär-bedarf
305	100	300			100	200
310	100	450			100	350
315	200	4 ·100 = 400			600	600
210	500	12 · 100 = 1200		3 · 200 = 600	2300	1300
215	500	2 · 100 = 200	3 · 100 = 300		1000	1400
220	500	8 · 100 = 800		2 · 200 = 400	1700	700
225	-		1 · 100 = 100		100	350

Aufgabe C.2.12	Durchlaufplanung

BA ABWL | Nennen Sie das Ziel, das mit der Durchlaufplanung verfolgt wird.
PW | Welche inhaltlichen Voraussetzungen sind zwingend notwendig, um einen Durchlaufplan erstellen zu können?
Worin unterscheiden sich die Vorwärts- und die Rückwärtsplanung und auf welcher Art der Darstellung eines Erzeugnisstrukturbaums basieren sie?

Lösung C.2.12	Bilder PW.C.2.(41), PW.C.2.(43)

In der Durchlaufplanung wird der zeitliche, aber terminlose Fertigungsablauf eines Erzeugnisses geplant. Als Ergebnis entsteht ein Durchlaufplan mit Darstellung der Ablaufstruktur und der Angabe der Durchlaufzeit. Dabei handelt es sich um die Zeitdauer, die ein Erzeugnis benötigt, um verschiedene zu seiner Herstellung notwendige Kapazitätseinheiten zu durchlaufen, in denen die Arbeitsgänge durchgeführt werden.

Die Voraussetzungen für die Durchlaufplanung sind:

➢ Erzeugnisdokumentation (Zeichnungen und Stücklisten)
➢ Ergebnisse der Teilplanungsstufe Teilebedarfsermittlung (Erzeugnisstruktur und Häufigkeit des Vorkommens der Teile im Erzeugnis)
➢ Arbeitsplan (Arbeitsgang- bzw. technologische Bearbeitungsfolge, Zuordnung von Arbeitsgängen zu Kapazitätseinheiten und Vorgabezeiten)
➢ Normative für natürliche Prozesse
➢ Normative für technisch-organisatorisch bedingte Unterbrechungen

Bei der Vorwärtsplanung stimmen Planungs- und Fertigungsablauf überein. Ausgangspunkt ist der Startzeitpunkt der Erzeugnisherstellung. Es wird eine frühest mögliche Einplanung von Vorgängen / Aktivitäten realisiert. Dabei wird vom synthetischen Strukturbaum ausgegangen.

Bei der Rückwärtsplanung erfolgt der Planungsablauf entgegen dem technologischen Ablauf. Den Ausgangspunkt bildet der Fertigstellungszeitpunkt des Erzeugnisses. Es wird eine spätest mögliche Einplanung der Aktivitäten auf der Grundlage des analytischen Strukturbaums verfolgt.

Aufgabe C.2.13	Durchlaufplanung

Führen Sie für die Baugruppe 203 des Erzeugnisses 205 eine Durchlaufplanung durch. Für dieses Erzeugnis wurde im Rahmen der Aufgabe C.2.9 schon die Mengenplanung durchgeführt. Die Fertigung erfolgt unter den Bedingungen der Werkstattfertigung.

BA ABWL
PW

Teilaufgaben:
1. Leiten Sie aus der Erzeugnisstruktur (Ergebnis der Teilaufgabe 1 in der Aufgabe C.2.9) den groben technologischen Ablauf der Herstellung der Baugruppe 203 ab.
2. Fertigen Sie für die Baugruppe 203 einen exakten Durchlaufplan nach der Methode der Rückwärtsplanung an und bestimmen Sie die Durchlaufzeit für diese Baugruppe.
   Dabei ist zu beachten, dass:
   - die Baugruppe 203 mit der Losgröße 100 Stück zu produzieren ist,
   - die Losgrößen aller Komponenten dieser Baugruppe sich aus dem genannten Bedarf und aus den Angaben aus der Stückliste ergeben,
   - der Nullpunkt des Durchlaufplans auf den Zeitpunkt der Fertigstellung der Baugruppe 203 zu setzen ist
   - die Arbeitsgänge und Vorgabezeiten dem Arbeitsplan zu entnehmen sind,
   - bei der Berechnung der Arbeitsgangdauer auf halbe bzw. ganze Tage aufzurunden ist,
   - für jeden Arbeitsgangwechsel ein Normativ von einem Tag vorgesehen ist,
   - vor jedem Montageprozess 3 Tage Zwischenlagerungszeit einzuplanen sind und
   - die Kapazitätseinheiten täglich 8 Stunden im Einsatz sind.

Gegeben sind folgende Daten aus dem Arbeitsplan:

BG / ET	Arbeitsgänge	t_r [min]	t_e [min/Stück]
137	1. Bohren	5	2
	2. Zusammenbau	5	5
161	1. Zusammenbau	5	5
203	1. Heften	10	5
	2. Schweißen	10	3
	3. Schleifen	20	5
397	1. Fräsen	15	4
	2. Drehen	10	5
402	1. Drehen	20	10
	2. Bohren	10	2
506	1. Sägen	10	7
	2. Drehen	15	5
	3. Schleifen	10	2

Lösung C.2.13	

1. Teilaufgabe

Grobdurchlaufplan für BG 203:

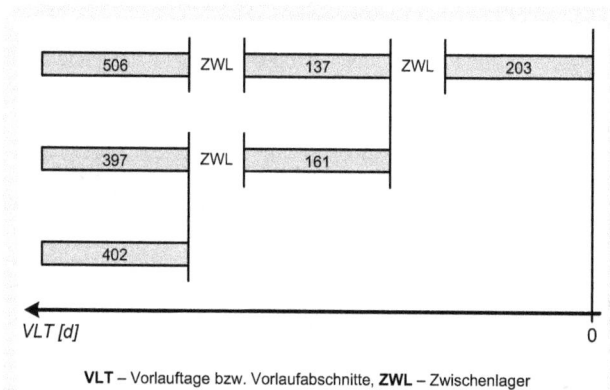

VLT – Vorlauftage bzw. Vorlaufabschnitte, ZWL – Zwischenlager

2. Teilaufgabe
Erarbeitung eines exakten Durchlaufplans für BG 203

1. Schritt:

Tabelle zur Bestimmung der Durchlaufzeit für BG 203:

BG / ET	Ar-beits-gänge	Bearbeitungszeit [min]	Bearb.-zeit [d]	Bearb.-zeit (gerundet) [d]	Liege-zeit [d]
203	1	10 + 100 · 5 = 510	1,06	1,5	1
	2	10 + 100 · 3 = 310	0,65	1	
	3	20 + 100 · 5 = 520	1,08	1,5	1
137	1	5 + 300 · 2 = 605	1,26	1,5	1
	2	5 + 300 · 5 = 1505	3,14	3,5	
506	1	10 + 1200 · 7 = 8410	17,52	18	1
	2	15 + 1200 · 5 = 6015	12,53	13	
	3	10 + 1200 · 2 = 2410	5,02	5,5	1
161	1	5 + 200 · 5 = 1005	2,09	2,5	-
397	1	15 + 200 · 4 = 815	1,70	2	1
	2	10 + 200 · 5 = 1010	2,10	2,5	
402	1	20 + 600 · 10 = 6020	12,54	13	1
	2	10 + 600 · 2 = 1210	2,52	3	

2. Schritt:

Exakter Durchlaufplan für Baugruppe 203:

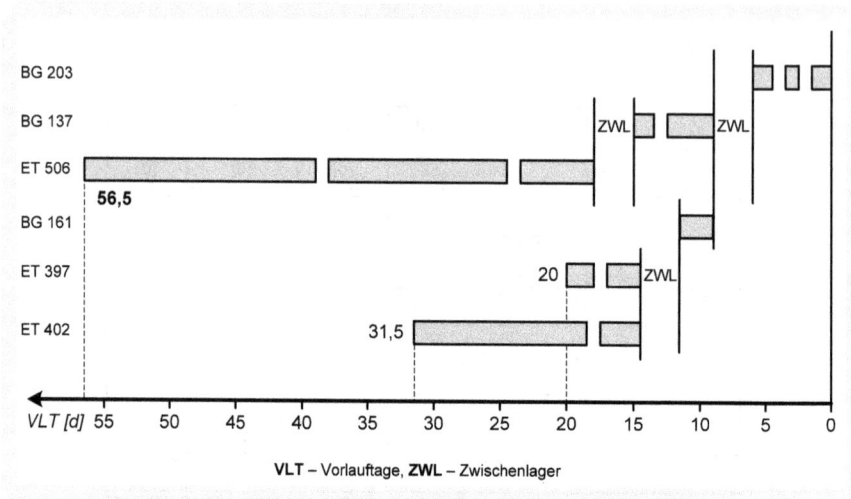

VLT – Vorlauftage, **ZWL** – Zwischenlager

Die Durchlaufzeit für die Baugruppe 203 beträgt 56,5 Tage.

Aufgabe C.2.14	Durchlaufplanung

Von einem Erzeugnis sollen 100 Stück gefertigt werden. Es besteht aus drei Einzelteilen und wird durch eine Zwischenmontage und die Endmontage komplettiert. Die Erzeugnisstruktur ist durch nachfolgende Stückliste gegeben. Alle Arbeitsgänge werden in der Organisationsform Werkstattfertigung realisiert.

BA ABWL
PW

Teilaufgaben:
1. Stellen Sie die Erzeugnisstruktur graphisch dar und erarbeiten Sie diese Darstellung durch die analytische Vorgehensweise.
2. Bestimmen Sie für alle Einzelteile und Baugruppen den erforderlichen Teilebedarf, um das Erzeugnis in der gewünschten Stückzahl produzieren zu können.
3. Erarbeiten Sie den Durchlaufplan zur Herstellung des Erzeugnisses 613 unter dem Aspekt, dass alle Teile und Baugruppen zum spätest möglichen Termin produziert werden.
   Gehen Sie dabei von einer täglichen Arbeitszeit von 15 Stunden aus und runden Sie auf halbe bzw. ganze Tage auf. Beachten Sie, dass ein Arbeitsgangwechsel in der Werkstattfertigung einen Tag dauert und dass vor jeder Montage eine Zwischenlagerung von zwei Tagen erforderlich ist.
4. Geben Sie die Durchlaufzeit zur Herstellung des Erzeugnisses 613 an.

Gegeben:

Stückliste

Ident.-Nr.	Bestandteile
613	1 x 406; 2 x 506
506	4 x 404; 1 x 405
404	-
405	-
406	-

Die Arbeitsvorbereitung stellt folgende Daten zur Verfügung:

Ident.-Nr.	Arbeitsgänge	t_r [min]	t_e [min/Stück]
404	1	45	10
	2	15	8
	3	30	20
405	1	18	9
	2	30	25
406	1	60	10
	2	12	8
	3	40	10
506	1	40	12
	2	30	10
613	1	10	5
	2	20	10

Lösung C.2.14	

1. Teilaufgabe

Darstellung des analytischen Erzeugnisstrukturbaums:

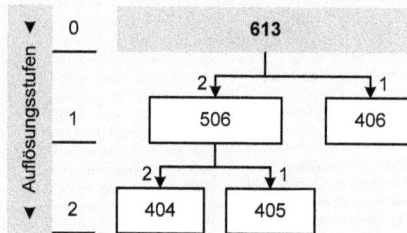

2. Teilaufgabe

Bestimmung des Teilebedarfs für 100 Stück von Erzeugnis 613:

Ident.-Nr.	Benennung	Bedarfsmenge [Stück]
506	BG	200
404	ET	400
405	ET	200
406	ET	100

3. Teilaufgabe
Erarbeitung des Durchlaufplans

1. Schritt:

Skizzieren des groben technologischen Ablaufs:

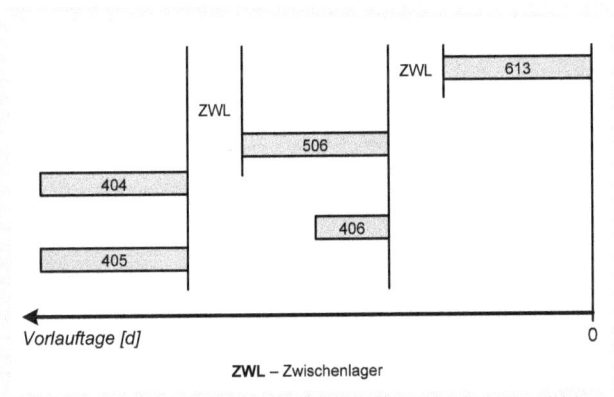

ZWL – Zwischenlager

2. Schritt:

Berechnen der Dauer der Bearbeitungszeiten und Festlegen der Liegezeiten:

Ident.-Nr.	Bearbeitungszeit [min]	Bearb.-zeit [d]	Bearb.-zeit (gerundet) [d]	Liege-zeit [d]
613	10 + 100 · 5 = 510	0,57	1	1
	10 + 100 · 10 = 1020	1,13	1,5	
506	40 + 200 · 12 = 2440	2,71	3	1
	30 + 200 · 10 = 2030	2,26	2,5	
404	45 + 400 · 10 = 4045	4,49	4,5	1
	15 + 400 · 8 = 3215	3,57	4	
	30 + 400 · 20 = 8030	8,92	9	1
405	18 + 200 · 9 = 1818	2,02	2,5	1
	30 + 200 · 25 = 5030	5,59	6	
406	60 + 100 · 10 = 1060	1,18	1,5	1
	12 + 100 · 8 = 812	0,90	1	
	40 + 100 · 10 = 1040	1,16	1,5	1

3. Schritt:

Darstellung des exakten Durchlaufplans:

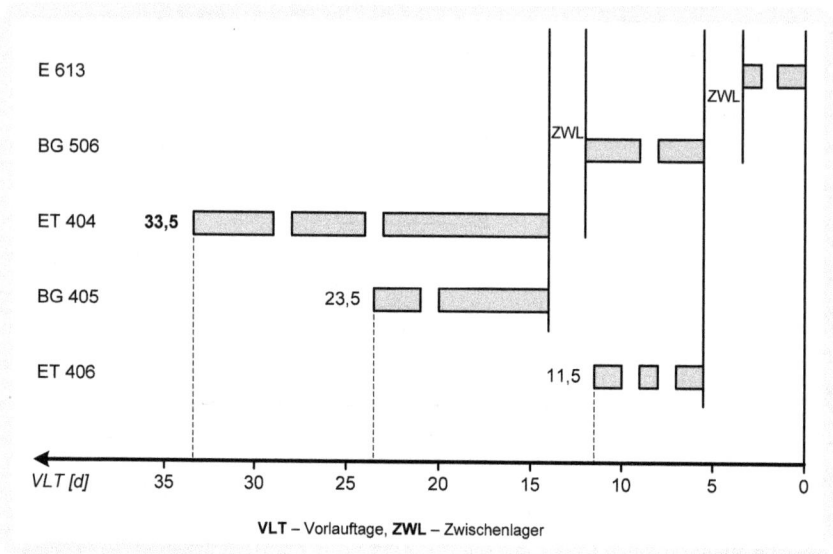

VLT – Vorlauftage, **ZWL** – Zwischenlager

4. Teilaufgabe
Angabe der Durchlaufzeit:

Die Durchlaufzeit für das Erzeugnis 613 beträgt 33,5 Tage.

Aufgabe C.2.15	Terminplanung

Welche wesentlichen Aktivitäten sind im Rahmen der Terminplanung zu realisieren?
Benennen Sie das je Aktivität realisierte Ergebnis, das als Voraussetzung für den Fertigungsprozess auszusuchen ist.

BA ABWL
PW

Lösung C.2.15		Bild PW.C.2.(49)

Im Rahmen der Terminplanung sind die terminlosen, aber zeitlichen Abläufe der Durchlaufplanung mit konkreten Terminen zu versehen. So wird die Terminierung des Fertigungsprozesses realisiert, die zur Bereitstellung von Kapazitäten führt. Außerdem geht es in der Terminplanung um

- ➤ die Terminierung der Entwicklungsaufträge, die zur Bereitstellung von Konstruktionsunterlagen, Stücklisten und Arbeitsplänen für neu entwickelte Produkte führt,
- ➤ die Terminierung der Arbeitsbelegerstellung mittels derer Aufträge ausgelöst, durch den Fertigungsprozess gesteuert und abgerechnet werden und
- ➤ die Terminierung der Bestellauslösung für Materialen und fremdvergebene Fertigungs- und Entwicklungsaufträge.

Aufgabe C.2.16	Terminplanung

Für ein kleines Unternehmen aus der Metallbranche ist für einen vorgegebenen Planzeitraum ein Terminplan für die Teilefertigung zu erarbeiten. Die Teilefertigung ist als Werkstattfertigung organisiert.
Im zu betrachtenden Zeitraum werden dort die Einzelteile für die Baugruppen 100 und 101 gefertigt.

BA ABWL
PW

Teilaufgaben:
1. Entwickeln Sie für die Baugruppen 100 und 101 einen analytischen Strukturbaum.
2. Fertigen Sie für die beiden Baugruppen exakte Durchlaufpläne an. Dabei ist zu beachten:
   - Alle Arbeitsplätze verfügen über einen realen Zeitfonds von 8 Stunden pro Tag.
   - Für die Übergangszeit zwischen den Arbeitsgängen ist die Dauer eines Tages einzuplanen. Jede Zwischenlagerung vor Montageprozessen dauert 3 Tage.
   - Die Baugruppe 100 ist in ein Erzeugnis, das für einen wichtigen Kunden bestimmt ist, einzubauen. Der Einbau ist 5 Tage

vor der Auslieferung des Erzeugnisses vorzunehmen. Von der Baugruppe 100 werden insgesamt 100 Stück gefertigt und eingebaut.

- Die Baugruppe 101 stellt ein Ersatzteil dar. Es ist im Warenausgangslager des Unternehmens zu lagern. Von dort erfolgt der Verkauf bei entsprechender Kundennachfrage. Von der Baugruppe 101 werden insgesamt 200 Stück gefertigt.

- Die für die Arbeitsgänge ermittelten Durchführungszeiten sind auf halbe oder ganze Tage aufzurunden.

3. Erarbeiten Sie einen Terminplan für die Teilefertigung des Unternehmens durch einfache Umschlüsselung der Vorlaufabschnitte (hier: Vorlauftage) in Planabschnitte (hier: Betriebskalendertage). Dabei ist davon auszugehen, dass die Auslieferung des Erzeugnisses (in das die Baugruppe 100 einzubauen ist) unbedingt am 50. Betriebskalendertag erfolgen muss. Für die Einlagerung des Ersatzteils Baugruppe 101 ist der 40. Betriebskalendertag vorgesehen.

4. Ermitteln Sie, wann eine Überlastung der vorhandenen Kapazitätseinheiten auftritt. Dazu ist zu beachten, dass in der Teilefertigung insgesamt zwei Arbeitskräfte eingesetzt sind. Die erste Arbeitskraft bedient ausschließlich die Drehmaschine, die zweite Arbeitskraft ist für das Sägen, Bohren und Schleifen zuständig.

5. Wie kann die ermittelte Überlastung der Kapazitätseinheiten verhindert werden? Geben Sie eine graphische Lösung für den überarbeiteten Terminplan an.

Gegeben:

Aus den Stücklisten wurden folgende Informationen abgeleitet:

Ident.-Nr.	Bestandteile
100	3 x 201; 2 x 202
201	1 x 203
101	1 x 202; 2 x 204

Aus den Arbeitsplänen stammen diese Daten:

Ident.-Nr.	Arbeitsgänge	t_r [min]	t_e [min/Stück]
100	1. Zusammenbau	20	23
	2. Schweißen	10	4
101	1. Zusammenbau	20	11
201	1. Sägen	10	3
	2. Drehen	30	4
	3. Bohren	5	3
202	1. Drehen	40	4
	2. Schleifen	10	2
203	1. Sägen	20	2
	2. Drehen	30	1
204	1. Sägen	20	2

Lösung C.2.16

1. Teilaufgabe
Entwicklung der analytischen Strukturbäume:

für BG 100:

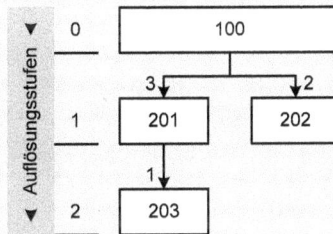

für BG 101:

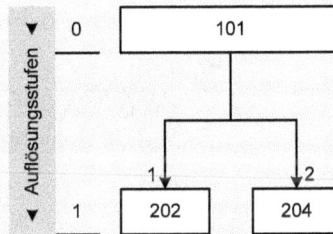

2. Teilaufgabe

1. Schritt:

Berechnen der Dauer der Bearbeitungszeiten und Festlegung der Liegezeiten:

Ident.-Nr.	Arbeitsgänge	Bearbeitungszeit [min]	Bearb.-zeit [d]	Bearb.-zeit (gerundet) [d]	Liege-zeit [d]
100	Zusammenbau	20 + 100 · 23 = 2320	4,83	5,0	1
	Schweißen	10 + 100 · 4 = 410	0,85	1,0	
201	Sägen	10 + 300 · 3 = 910	1,90	2,0	1
	Drehen	30 + 300 · 4 = 1230	2,56	3,0	1
	Bohren	5 + 300 · 3 = 905	1,89	2,0	
202 für 100	Drehen	40 + 200 · 4 = 840	1,75	2,0	1
	Schleifen	10 + 200 · 2 = 410	0,85	1,0	
203	Sägen	20 + 300 · 2 = 620	1,29	1,5	1
	Drehen	30 + 300 · 1 = 330	0,69	1,0	
202 für 101	Drehen	40 + 200 · 4 = 840	1,75	2,0	1
	Schleifen	10 + 200 · 2 = 410	0,85	1,0	
204	Sägen	20 + 200 · 4 = 820	1,71	2,0	
101	Zusammenbau	20 + 200 · 11 = 2220	4,63	5,0	

2. Schritt:

Durchlaufplan für Fertigung, Montage und Einbau von BG 100:

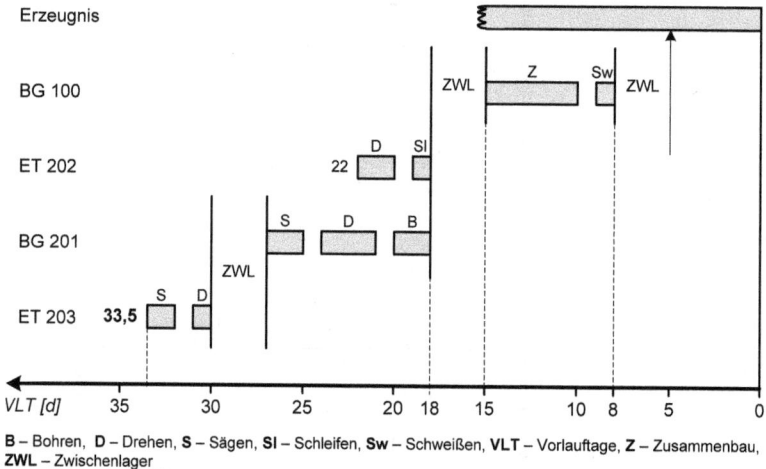

B – Bohren, D – Drehen, S – Sägen, Sl – Schleifen, Sw – Schweißen, VLT – Vorlauftage, Z – Zusammenbau, ZWL – Zwischenlager

3. Schritt:

Durchlaufplan für Fertigung und Montage von BG 101:

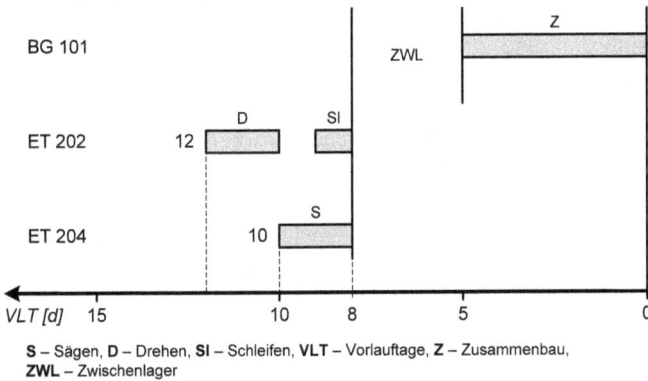

S – Sägen, D – Drehen, SI – Schleifen, VLT – Vorlauftage, Z – Zusammenbau,
ZWL – Zwischenlager

3. Teilaufgabe
Erarbeitung des Terminplans für die Teilefertigung:

➢ Das Erzeugnis ist am 50. BKT auszuliefern.
Dann muss die Teilefertigung am 32. BKT (50 – 18 = 32) fertig sein!
➢ Die Baugruppe 101 ist am 40. BKT einzulagern.
Dann muss die Teilefertigung am 32. BKT (40 – 8 = 32) fertig sein!

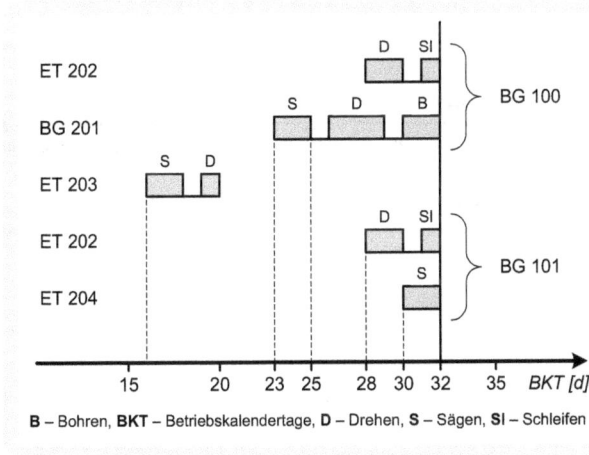

B – Bohren, BKT – Betriebskalendertage, D – Drehen, S – Sägen, SI – Schleifen

4. Teilaufgabe
Ermittlung der Kapazitätsprobleme:

➢ Der Dreher ist am 29. und 30. BKT mit 300 % bzw. 200 % belastet.
Die Arbeitskraft, die für das Sägen, Schleifen und Bohren zuständig ist,
wird am 31. und 32. BKT mit 200 % bzw. 400 % belastet.

5. Teilaufgabe

Lösung des Kapazitätsproblems in der Teilefertigung:

> ➤ Verschieben von Fertigungsaufträgen in die Gegenwart (nach links), aber keine Änderung entlang des kritischen Weges (BG 201 und ET 203)
> ➤ Zusammenlegen der in der Durchlaufplanung getrennt behandelten Fertigungsaufträge 202 für 100 und 202 für 101 aufgrund der zeitlichen Nähe

Für den Terminplan gelten dann folgende Bearbeitungs- und Liegezeiten:

Ident.-Nr.	Arbeits-gänge	Bearbeitungszeit [min]	Bearb.-zeit [d]	Bearb.-zeit (gerundet) [d]	Liege-zeit [d]
202 (für 100 und 101)	Drehen	40 + 400 · 4 = 1640	3,42	3,5	1
	Schleifen	10 + 400 · 2 = 810	1,69	2,0	

Überarbeiteter Terminplan:

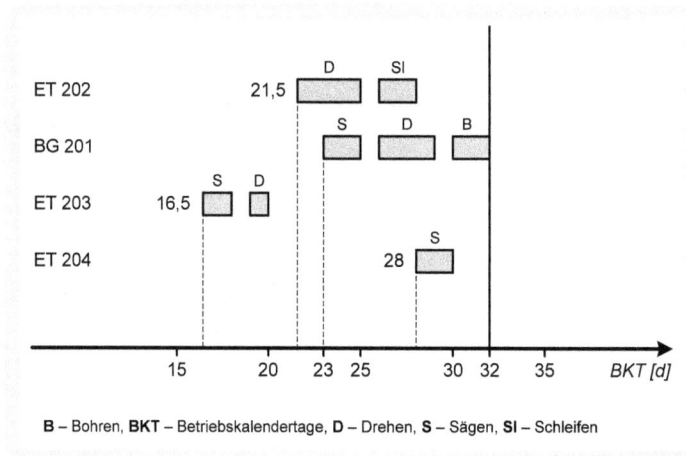

B – Bohren, BKT – Betriebskalendertage, D – Drehen, S – Sägen, SI – Schleifen

Aufgabe C.2.17	Fertigungsauftragsbildung

Was verstehen Sie unter einem Fertigungsauftrag?
Welches Problem löst die Fertigungsauftragsbildung?
Erläutern Sie das Problem der Bestimmung der optimalen Losgröße auf graphischem Wege.
Welche ökonomischen Auswirkungen entstehen durch die Festlegung alternativer Stückzahlen pro Los?

BA ABWL
PW

Lösung C.2.17	Bilder PW.C.2.(54), PW.C.2.(56)

Ein Fertigungsauftrag ist eine schriftliche Aufforderung an eine Kapazitätseinheit zur Realisierung einer Fertigungsaufgabe. Er enthält Angaben zur Art, Menge, Qualität und zum Termin der Bearbeitung eines Einzelteils oder eines Loses.

Mit der Fertigungsauftragsbildung wird festgelegt, welche Einzelteile den Fertigungsprozess einzeln, separat durchlaufen sowie welche und wie viele Einzelteile zu Losen zusammengefasst werden und den Fertigungsprozess gemeinsam durchlaufen.

Die Ermittlung der zu produzierenden Losgröße ist ein zentrales Problem der Fertigungsauftragsbildung. Die wirtschaftliche Losgröße bestimmt die Stückzahl von Teilen eines Loses, bei deren gemeinsamer Produktion ein Kostenminimum zu erwarten ist. Die graphische Behandlung des Problems sowie der wirkenden Einflussgrößen ist in Bild PW.C.2.(54) des Lehrbuchs dargestellt.

Die ökonomischen Auswirkungen alternativer Stückzahlen pro Los verdeutlicht Bild PW.C.2.(56) des Lehrbuchs.

Aufgabe C.2.18	Fertigungsauftragsbildung

BA ABWL
PW

Der Jahresbedarf für ein Einzelteil beträgt 4000 Stück. Dieser Bedarf verteilt sich gleichmäßig über das gesamte Jahr. Die Fertigung erfolgt im Rahmen einer gegenstandsspezialisierten Fertigungsreihe.

Teilaufgaben:

1. Ermitteln Sie die Mindestlosgröße für das Einzelteil.
2. Was beinhaltet der Rüstwertkoeffizient? Zeigen Sie am Beispiel des zu fertigenden Einzelteils, welche Wirkungen mit dem Rüstwertkoeffizienten bei der Bestimmung der Mindestlosgröße erzielt werden.
3. Bestimmen Sie die kostenminimale Losgröße. Beachten Sie dabei, dass der Jahresbedarf mit einer über das Planjahr konstanten Losgröße zu fertigen ist.
4. Geben Sie an, welche Stückkosten bei der von Ihnen unter 3. ermittelten Losgröße anfallen und berechnen Sie die Kosten der Herstellung und Lagerung aller 4000 Einzelteile.
5. Wie lang ist die Zeitdauer zwischen zwei aufeinander folgenden Losauflagen? Gehen Sie dabei von 220 Arbeitstagen im Planjahr aus, um das Ergebnis in Tagen anzugeben.
6. Berechnen Sie die Durchlaufzeit für die Herstellung eines Loses, wenn Transportbehälter mit einem Fassungsvermögen von 50 Stück eingesetzt und voll ausgelastet werden. Geben Sie die Durchlaufzeit in Tagen an und runden Sie das Ergebnis auf ganze bzw. halbe Tage auf.

Gegeben:

Aus dem Arbeitsplan stammen folgende Angaben:

Arbeitsgang		Vorgabezeit	
Lfd. Nr.	Bezeichnung	Rüstzeit [min]	Zeit pro Einheit [min/Stück]
1	Sägen	20	10
2	Drehen	40	5
3	Fräsen	35	7
4	Bohren	25	8

Außerdem sind folgende Daten gegeben:

- Lohnkosten für Rüstarbeiten   70 €/h
- Lohnkosten für die Bearbeitung   50 €/h
- Lohngemeinkostenzuschlagssatz   300 %
- Faktor zur Ermittlung der Lagerungskosten   0,12 1/Jahr
- Materialeinzel- und -gemeinkosten für jedes Teil   20 €/Stück
- Rüstwertkoeffizient   0,1
- Zeitgrad   100 %
- Tägliche Arbeitszeit   8 h/d

Formelsammlung:

$$n_{Lopt} = \sqrt{\frac{2 \cdot K_r \cdot n_a}{k_b}} \qquad n_{Lmin} = \frac{t_r}{a \cdot t_e}$$

$$n_L = t_L \cdot n_a \qquad K_L = K_r + n_L \cdot k_s + \frac{1}{2} \cdot n_L \cdot k_b \cdot t_L$$

$$k_s = k_e + k_m \qquad k_b = f \cdot k_s$$

$$K_r = t_r \cdot \left(l_r \left(1 + \frac{q_L}{100\,\%} \right) \right) \qquad k_e = t_e \cdot \left(l_e \left(1 + \frac{q_L}{100\,\%} \right) \right)$$

$$T_{TZ(K)} = n_L \sum_{i=1}^{m} t_i - (n_L - n_p) \sum_{i=1}^{m-1} t_{kürz_i}$$

$$T_{TZ(P)} = n_p \sum_{i=1}^{m} t_i + (n_L - n_p) t_H$$

$$T_{TZ(R)} = n_L \sum_{i=1}^{m} t_i \qquad k_L = \frac{K_L}{n_L}$$

Lösung C.2.18	

1. Teilaufgabe
Bestimmung der Mindestlosgröße:

$$n_{L_{min}} = \frac{t_r}{a \cdot t_e} = \frac{120\,min}{0{,}1 \cdot 30\,\dfrac{min}{Stück}} = 40\,Stück$$

2. Teilaufgabe
Begriff und Wirkung des Rüstwertkoeffizienten:

$$a = \frac{t_r}{n_{L_{min}} \cdot t_e} = \frac{t_r}{n_{L_{min}}} : t_e$$

Der Rüstwertkoeffizient ist ein teilespezifischer Koeffizient, der angibt, wie groß der Anteil der Rüstzeit pro Teil $\left(t_r/n_{L_{min}}\right)$ an der Zeit pro Einheit (t_e) höchstens sein darf. Damit wird eine Forderung an die Mindestgröße des Loses (Mindestlosgröße) gestellt.

Für das betrachtete Teil darf die anteilige Rüstzeit höchstens 10 % der Zeit pro Einheit $t_e = 30$ min/Stück betragen. Das bedeutet $t_r/n_{L_{min}} \leq 3$ min/Stück.

Bei $t_r = 120$ min sind dazu mindestens 40 Stück erforderlich.

3. Teilaufgabe
Bestimmung der kostenminimalen Losgröße:

$$K_r = t_r\left(l_r\left(1+\frac{q_L}{100\,\%}\right)\right) = \frac{120\,\text{min}}{60\dfrac{\text{min}}{\text{h}}}\left(70€/\text{h}\left(1+\frac{300\,\%}{100\,\%}\right)\right) = \underline{560\ €}$$

$$k_e = t_e\left(l_e\left(1+\frac{q_L}{100\,\%}\right)\right) = \frac{30\dfrac{\text{min}}{\text{Stück}}}{60\dfrac{\text{min}}{\text{h}}}\left(50\ €/\text{h}\left(1+\frac{300\,\%}{100\,\%}\right)\right)$$

$$= \underline{100\frac{€}{\text{Stück}}}$$

$$k_s = k_e + k_m = 100\frac{€}{\text{Stück}} + 20\frac{€}{\text{Stück}} = 120\frac{€}{\text{Stück}}$$

$$n_{L_{opt}} = \sqrt{\frac{2\cdot K_r\cdot n_a}{k_b}} = \sqrt{\frac{2\cdot 560\ €\cdot 4000\dfrac{\text{Stück}}{\text{Jahr}}}{0,12\dfrac{1}{\text{Jahr}}\cdot 120\dfrac{€}{\text{Stück}}}} = 557,8\ \text{Stück} \approx \underline{558\ \text{Stück}}$$

Die optimale Losgröße nach ANDLER beträgt 558 Stück.

Damit ist allerdings keine gleichmäßige Losgröße über das gesamte Planjahr möglich ($n_a = 4000$ Stück).

Es ist die Entscheidung zwischen den Varianten: $5\cdot 800$ Stück und $8\cdot 500$ Stück zu fällen. Als Entscheidungskriterium dienen die minimalen Stückkosten.

$$k_L = \frac{K_r}{n_L} + k_s + \frac{1}{2}\cdot f\cdot k_s\cdot\frac{n_L}{n_a}$$

$n_L = 800$ Stück:

$$k_{L_{800}} = \frac{560 \, €}{800 \, \text{Stück}} + 120 \, \frac{€}{\text{Stück}} + \frac{1}{2} \cdot 0,12 \cdot 120 \, \frac{€}{\text{Stück}} \cdot \frac{800 \, \text{Stück}}{4000 \, \text{Stück}}$$

$$= 122,14 \, \frac{€}{\text{Stück}}$$

$n_L = 500$ Stück:

$$k_{L_{500}} = \frac{560 \, €}{500 \, \text{Stück}} + 120 \, \frac{€}{\text{Stück}} + \frac{1}{2} \cdot 0,12 \cdot 120 \, \frac{€}{\text{Stück}} \cdot \frac{500 \, \text{Stück}}{4000 \, \text{Stück}}$$

$$= 122,02 \, \frac{€}{\text{Stück}}$$

Das Einzelteil ist mit einer optimalen Losgröße von 500 Stück zu fertigen, damit der Jahresbedarf mit einer über das Planjahr konstanten Losgröße hergestellt werden kann (8 · 500 Stück).

4. Teilaufgabe
Bestimmung der Gesamtkosten:

Da die Stückkosten k_L (bei $n_L = 500$ Stück) 122,02 €/Stück betragen, ergeben sich folgende Gesamtkosten:

$$K_L = n_a \cdot k_L = 4000 \, \text{Stück} \cdot 122,02 \, €/\text{Stück} = \underline{\underline{488080 \, €}}$$

5. Teilaufgabe
Bestimmung der Zeitdauer zwischen zwei Losauflagen:

$$t_L = \frac{n_L}{n_a} = \frac{500 \, \text{Stück}}{4000 \, \frac{\text{Stück}}{\text{Jahr}}} = 0,125 \, \text{Jahre}$$

Bei 220 Arbeitstagen ergeben sich:

$$220 \, \frac{\text{Tage}}{\text{Jahr}} \cdot 0,125 \, \text{Jahre} = \underline{\underline{27,5 \, \text{Tage}}} \, \text{für den Loszyklus}$$

6. Teilaufgabe

Bestimmung der Durchlaufzeit für die Fertigung eines Loses:

Da die Fertigung im Rahmen einer gegenstandsspezialisierten Fertigungsreihe erfolgt, ist der zeitliche Ablauf durch den kombinierten Verlauf geprägt.

$$
\begin{aligned}
T_{TZ(K)} &= n_L \sum_{i=1}^{m} t_i - \left(n_L - n_p\right) \sum_{i=1}^{m-1} t_{kürz_i} \\
&= 500 \text{ Stück} \cdot 30 \frac{\min}{\text{Stück}} - \left(500 \text{ Stück} - 50 \text{ Stück}\right) \cdot 17 \frac{\min}{\text{Stück}} \\
&= \underline{7350 \min}
\end{aligned}
$$

Bei einer täglichen Arbeitszeit von 8 h/d ergibt sich:

$$
7350 \min \div 480 \frac{\min}{d} = \underline{\underline{15{,}3 \text{ d}}} \rightarrow 15{,}5 \text{ d}
$$

Die Durchlaufzeit eines Loses beträgt 15,5 Tage.

Aufgabe C.2.19	Belastungsplanung

BA ABWL PW	Benennen Sie Maßnahmen zur bedarfsgerechten Gestaltung der Kapazität in der Belastungsplanung und erläutern Sie deren Wirkung!

Lösung C.2.19	Bild PW.C.2.(60)

Besonders häufig angewendete Maßnahmen zur bedarfsgerechten Gestaltung der Kapazität in der Belastungsplanung sind:

➢ Änderung der Fertigungslosgröße
➢ Auftragsverschiebung (nach links und nach rechts)
➢ Auftragsstreckung (Rechts- und Linksstreckung)
➢ Auftragsstauchung (Rechts- und Linksstauchung)
➢ Auftragsunterbrechung (nach rechts und nach links)

Die Änderung der Fertigungslosgröße bedeutet Abweichung von der optimalen Losgröße und zieht demzufolge ungewünschte Mehrkosten nach sich.

Auftragsverschiebungen verändern Anfangs- und Endtermine, nicht aber die Dauer der Bearbeitung eines Auftrags und demzufolge die Kapazitätsinanspruchnahme.

Es entstehen Probleme mit der Einhaltung des Endtermins (bei Rechtsverschiebung) oder der Verlängerung der Umlaufmittelbindung (bei Linksverschiebung).

Bei der Rechtsstreckung bleibt der Anfangstermin erhalten, der Endtermin ändert sich. Die Zeitdauer der Bearbeitung verlängert sich und die Endtermineinhaltung könnte gefährdet werden.

Bei Linksstreckung bleibt der Endtermin des Auftrags erhalten, der Anfangstermin ändert sich, er wird vorverlegt. Die Zeitdauer der Bearbeitung verlängert sich infolge einer Verringerung der Kapazitätsbeanspruchung pro Zeiteinheit. Die Umlaufmittelbindung verlängert sich.

Bei der Rechtsstauchung bleibt der Endtermin erhalten, der Beginn der Fertigung des Auftrags verzögert sich. In einem kürzeren als geplanten Zeitabschnitt wird die Leistung infolge höherer Kapazitätsinanspruchnahme pro Zeiteinheit erbracht.

Bei der Linksstauchung bleibt der Starttermin erhalten, die Fertigstellung erfolgt früher als geplant.

Die Unterbrechung wird realisiert, um einen anderen Auftrag zwischenzuschieben. Damit wird bei der Unterbrechung nach rechts der Endtermin nicht eingehalten, bei der Unterbrechung nach links früher mit der Fertigung begonnen. Unterbrechungen führen zur Vernichtung des Loseffekts, der in der einmaligen Rüstzeitgewährung pro Los liegt. Jede Unterbrechung erfordert die erneute (also zusätzliche) Gewährung der Rüstzeit, um die Maschine wiederholt auf die Fertigung des Loses vorzubereiten.

Aufgabe C.2.20	Belastungsplanung

BA ABWL
PW

In der Abteilung Arbeitsvorbereitung einer Metallbau GmbH ist die Produktion von Komponenten des Erzeugnisses 80 vorzubereiten. Dabei sind folgende Bedingungen unbedingt zu berücksichtigen:

- Das Erzeugnis 80 wird im Planungszeitraum mit der Losgröße n_L = 200 Stück gefertigt. Die dafür vorgesehene Organisationsform ist die Werkstattfertigung.
- Der Einbau der Baugruppe 50 beginnt 5 Tage vor Fertigstellung des Erzeugnisses.
- Vor jedem Montageprozess sind 3 Tage Zwischenlagerung erforderlich. Für den Arbeitsgangwechsel in der Werkstattfertigung ist eine Übergangszeit von 1 Tag festgelegt.
- Es wird in 2 Schichten gearbeitet. Die Tagesarbeitszeit beträgt 15 Stunden. Bei der Berechnung der Durchlaufdauer je Arbeitsgang ist auf halbe bzw. ganze Tage aufzurunden.
- Der reale Zeitfonds pro Arbeitskraft und Tag beträgt 7,5 Stunden.
- Der reale Zeitfonds pro Betriebsmittel und Tag beträgt maximal 23 Stunden.

Teilaufgaben:

1. Entwickeln Sie auf der Grundlage der Stückliste (Tabelle 1) den analytischen Strukturbaum für das Erzeugnis 80.
2. Leiten Sie aus diesem Strukturbaum den Grobablaufplan für die Herstellung der Baugruppe 50 ab. Als Nullpunkt dient der Zeitpunkt der Fertigstellung des Erzeugnisses 80.
3. Führen Sie auf der Basis der Arbeitsplandaten (Tabelle 2) und den o. g. Bedingungen eine Durchlaufplanung für die Baugruppe 50 durch:
   a) Berechnen Sie die Dauer aller Arbeitsgänge zur Herstellung der Baugruppe 50 und bestimmen Sie die Dauer der Arbeitsgangwechsel.
   b) Skizzieren Sie einen exakten Durchlaufplan für die Baugruppe 50.
   c) Geben Sie die Durchlaufzeit für die Baugruppe 50 an. Wie viele Tage vor der Fertigstellung des Erzeugnisses muss mit der Herstellung der Baugruppe 50 begonnen werden?
4. Zur Begründung operativer Leitungsentscheidungen ist die voraussichtliche Kapazitätsbelastung durch die Baugruppe 50 zu analysieren. Führen Sie deshalb auf der Grundlage der Angaben in Tabelle 3 für den Vorlauftag 36 einen Kapazitätstest durch.
   a) Bestimmen Sie den Kapazitätsbedarf der Teile / Baugruppen (gegliedert nach Arbeitsgängen!), der am 36. Vorlauftag je Kapazitätseinheit entsteht.

b) Führen Sie für die Kapazitätseinheiten eine Kapazitätsbilanzierung durch, für die an diesem Vorlauftag Kapazitätsbedarf existiert.

c) Bewerten Sie die Ergebnisse und schlagen Sie drei grundsätzlich mögliche Maßnahmen zur bedarfsgerechten Gestaltung der Kapazität vor. Geben Sie deren Wirkung exakt an.

Gegeben:

Tabelle 1:

Stückliste (Auszug):

Ident.-Nr.	Bestandteile
80	50; 60
50	17; 45; 46
60	47; 49
45	11; 15
46	15; 19
47	12; 14
49	13; 16
11	-
12	-
13	-
14	-
15	-
16	-
17	-
19	-

Tabelle 2:

Arbeitsplan (Auszug):

BG / ET	Arbeitsgänge	t_r [min]	t_e [min/Stück]
50	1. Zusammenbau	5	8
	2. Schleifen	6	15
	3. Schweißen	10	10
45	1. Bohren	3	8
	2. Zusammenbau	5	11
46	1. Zusammenbau	45	16
17	1. Trennen	5	10
	2. Bohren	7	15
11	1. Schleifen	40	10
	2. Drehen	10	8
	3. Schleifen	30	18
15	1. Drehen	50	12
	2. Bohren	25	15
19	1. Sägen	15	20
	2. Fräsen	15	25
	3. Drehen	8	15
	4. Bohren	10	15

Tabelle 3:

Ausstattung der Kapazitätseinheiten mit Potenzialfaktoren:

Kapazitätseinheit	Anzahl der Potenzialfaktoren [Stück]	
	Arbeitskräfte	Betriebsmittel
Fräsen	4	3
Sägen	1	1
Schleifen	1	1
Drehen	4	2
Bohren	4	4
Trennen	3	2
Schweißen	8	3
Zusammenbau	3	2

Lösung C.2.20	

1. Teilaufgabe
Analytische Erzeugnisstruktur:

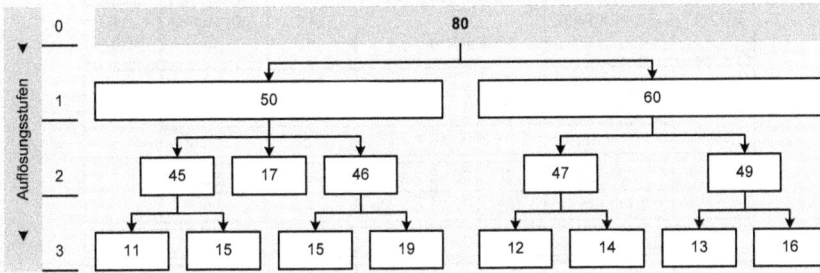

2. Teilaufgabe
Grobablaufplan für die Herstellung der Baugruppe 50:

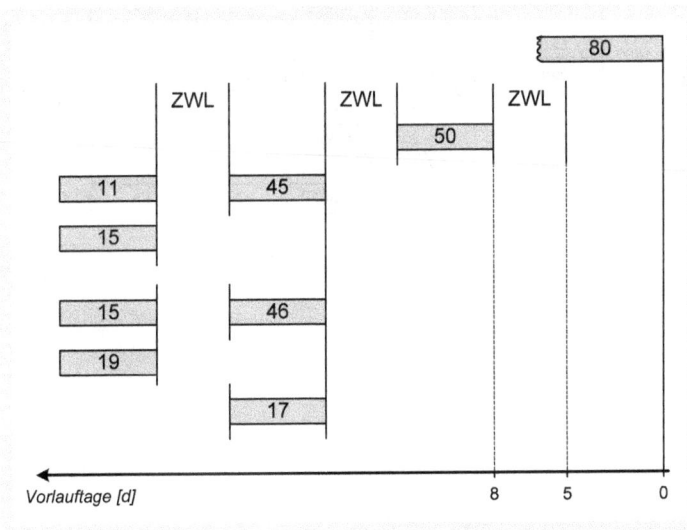

3. Teilaufgabe

Ablaufplanung für die Herstellung der Baugruppe 50:

a) Berechnen der Dauer der Bearbeitungszeiten und Festlegung der Liegezeiten

BG / ET	Arbeitsgang	Bearbeitungszeit [min]	Bearb.-zeit [d]	Bearb.-zeit (gerundet) [d]	Liege-zeit [d]
50	Zusammenbau	5 + 200 · 8 = 1605	1,78	2,0	1
	Schleifen	6 + 200 · 15 = 3006	3,34	3,5	
	Schweißen	10 + 200 · 10 = 2010	2,23	2,5	1
45	Bohren	3 + 200 · 8 = 1603	1,78	2,0	1
	Zusammenbau	5 + 200 · 11 = 2205	2,45	2,5	
46	Zusammenbau	45 + 200 · 16 = 3245	3,61	4,0	-
17	Trennen	5 + 200 · 10 = 2005	2,23	2,5	1
	Bohren	7 + 200 · 15 = 3007	3,34	3,5	
11	Schleifen	40 + 200 · 10 = 2040	2,27	2,5	1
	Drehen	10 + 200 · 8 = 1610	1,79	2,0	
	Schleifen	30 + 200 · 18 = 3630	4,03	4,5	1
15	Drehen	50 + 200 · 12 = 2450	2,72	3,0	1
	Bohren	25 + 200 · 15 = 3025	3,36	3,5	
19	Sägen	15 + 200 · 20 = 4015	4,46	4,5	1
	Fräsen	15 + 200 · 25 = 5015	5,57	6,0	
	Drehen	8 + 200 · 15 = 3008	3,34	3,5	1
	Bohren	10 + 200 · 15 = 3010	3,35	3,5	

b) Skizzieren des exakten Durchlaufplans für Baugruppe 50

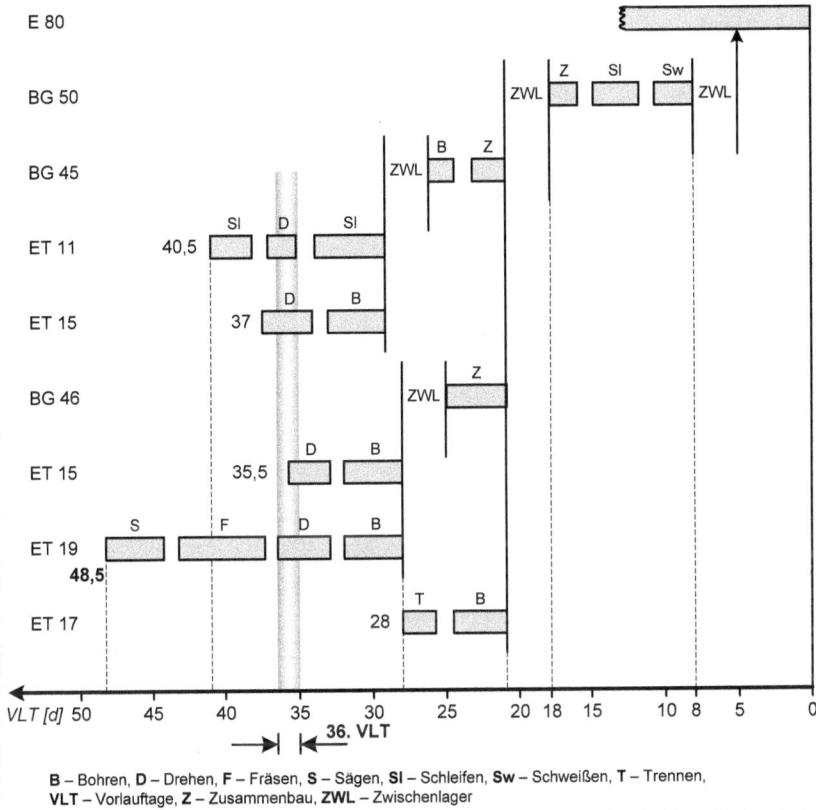

B – Bohren, D – Drehen, F – Fräsen, S – Sägen, Sl – Schleifen, Sw – Schweißen, T – Trennen,
VLT – Vorlauftage, Z – Zusammenbau, ZWL – Zwischenlager

(Der in diesem Bild dargestellte Zeitstreifen für den 36. Vorlauftag gehört zur Teilaufgabe 4)

c) Durchlauf- und Vorlaufzeit für Baugruppe 50

Mit der Herstellung der Baugruppe 50 muss 48,5 Tage vor Fertigstellung des Erzeugnisses 50 begonnen werden. Die Vorlaufzeit beträgt damit 48,5 Tage. Die Durchlaufzeit (= Zeitdauer vom Beginn des ersten bis zum Ende des letzten Arbeitsgangs) für die Baugruppe 50 beträgt 40,5 Tage (= 48,5 Tage - 8 Tage).

4. Teilaufgabe

Analyse der Belastungssituation am 36. Vorlauftag:

a) Bestimmung des Kapazitätsbedarfs am 36. Vorlauftag

> ➢ ET 11
>> Arbeitsgang Drehen (ganzer Tag)   15,0 h
> ➢ ET 15 (für BG 45)
>> Arbeitsgang Drehen (ganzer Tag)   15,0 h
> ➢ ET 15 (für BG 46)
>> Arbeitsgang Drehen (halber Tag)   7,5 h
> ➢ ET 19
>> Arbeitsgang Drehen (ganzer Tag)   15,0 h
> ➢ Kapazitätsbedarf (gesamt)   52,5 h

Am 36. Vorlauftag wird nur Drehkapazität benötigt (vgl. graphische Darstellung in Teilaufgabe 3b). Der Kapazitätsbedarf für den Arbeitsgang Drehen beträgt insgesamt 52,5 h.

b) Kapazitätsbilanzierung und Vorschlag von Maßnahmen

Kapazitätsbilanzierung für die Kapazitätseinheit Drehen, weil nur dort am 36. Vorlauftag Kapazitätsbedarf existiert:

$$ZF_{AK} = 4\,AK \cdot 7,5\,\frac{h}{d \cdot AK} = 30\,\frac{h}{d}$$

$$ZF_{BM} = 2\,BM \cdot 23\,\frac{h}{d \cdot BM} = 46\,\frac{h}{d}$$

$$ZF_{KA} = Min\,\{ZF_{AK};\,ZF_{BM}\} = Min\left\{30\,\frac{h}{d};\,46\,\frac{h}{d}\right\} = 30\,\frac{h}{d}$$

$$D = ZF_{KA} - KB_Z = 30\,\frac{h}{d} - 52,5\,\frac{h}{d} = \underline{\underline{-22,5\,\frac{h}{d}}}$$

Am 36. Vorlauftag existiert beim Drehen ein Kapazitätsdefizit von insgesamt 22,5 Stunden.

c) Vorschlag von Maßnahmen am 36. Vorlauftag und Quantifizierung ihrer Wirkungen

1. Linksverschiebung von Aufträgen

> ET 11 AG Drehen um 1 Tag, d. h. Verringerung von KB_Z um 15 h
> ET 15 (für BG 45) AG Drehen um 2 Tage, d. h. Verringerung von KB_Z um 15 h
> ET 15 (für BG 46) AG Drehen um 3 Tage, d. h. Verringerung von KB_Z um 7,5 h
> ET 19 AG Drehen um 3 Tage, d. h. Verringerung von KB_Z um 15 h

(Diese Verschiebung führt allerdings zu einer Verlängerung der Durchlaufzeit der Baugruppe 50 um 3 Tage.)

2. Rechtsverschiebung von Aufträgen

(Bei Rechtsverschiebungen ist generell zu beachten, dass neben der Verschiebung der Aufträge auch Maßnahmen zur Verkürzung der geplanten Liege- und / oder Zwischenlagerungszeiten erforderlich sind, um eine Verzögerung des Fertigstellungszeitpunkts des Erzeugnisses auszuschließen.)

> ET 11 AG Drehen um 2 Tage, d. h. Verringerung von KB_Z um 15 h
> ET 15 (für BG 45) AG Drehen um 2 Tage, d. h. Verringerung von KB_Z um 15 h
> ET 15 (für BG 46) AG Drehen um 0,5 Tage, d. h. Verringerung von KB_Z um 7,5 h
> ET 19 AG Drehen um 1 Tag, d. h. Verringerung von KB_Z um 15 h

3. Einsatz von zwei zusätzlichen Arbeitskräften in der Dreherei

(Der zusätzliche Einsatz von zwei Arbeitskräften kann durch Umsetzung innerhalb des Unternehmens realisiert werden. Dadurch kann in Form von Sonderschichten über die tägliche Tagesarbeitszeit von 15 h hinaus die vorhandene Drehkapazität von 23 h $\left(ZF_{BM} = 23\,h/(d \cdot BM)\right)$ genutzt werden.

> $ZF_{AK} = 6\,AK \cdot 7,5\,\dfrac{h}{d \cdot AK} = 45\,\dfrac{h}{d}$

> $ZF_{BM} = 2\,BM \cdot 23\,\dfrac{h}{d \cdot BM} = 46\,\dfrac{h}{d}$

> $ZF_{KA} = \text{Min}\left\{ZF_{AK}; ZF_{BM}\right\} = \text{Min}\left\{45\,\dfrac{h}{d}; 46\,\dfrac{h}{d}\right\} = 45\,\dfrac{h}{d}$

(Damit wird das Kapazitätsangebot der Dreherei am 36. Vorlauftag um 15 h erhöht.)

Aufgabe C.2.21	Reihenfolgeplanung

BA ABWL
PW

Welche Aufgabe löst die Reihenfolgeplanung?
Vergleichen Sie die Reihenfolgebestimmung in Flow-Shop-Model-
len mit der in Job-Shop-Modellen.
Nennen Sie Methoden zur Bestimmung organisatorischer Bearbeitungsfolgen.

Lösung C.2.21	Bilder PW.C.2.(62), PW.C.2.(65), PW.C.2.(66)

Die Reihenfolgeplanung bestimmt, in welcher Reihenfolge die vor einer Bearbeitungsstation auf ihre Bearbeitung wartenden Fertigungsaufträge durch die Bearbeitungsstation zu bearbeiten sind. Das Ergebnis der Reihenfolgeplanung ist die organisatorische Bearbeitungsfolge.

Für Flow-Shop-Modelle gilt: Bei gleicher technologischer Bearbeitungsfolge
(räumliches Organisationsprinzip: Reihenprinzip) ändert sich die einmal (vor der
ersten Bearbeitungsstation) gewählte organisatorische Bearbeitungsfolge nicht. Sie
gilt für alle Bearbeitungsstationen, die vom Fertigungsauftrag zu durchlaufen sind.

Für Job-Shop-Modelle gilt: Bei variierender technologischer Bearbeitungsfolge
(räumliches Organisationsprinzip: Werkstattprinzip oder Gruppenprinzip) durchläuft jeder Fertigungsauftrag das Maschinensystem auf einem eigenständigen Wege, der sich von den Wegen der anderen Fertigungsaufträge unterscheidet. Vor jeder Maschine entsteht die Frage nach der zu wählenden organisatorischen Bearbeitungsfolge neu.

Die Bestimmung der organisatorischen Bearbeitungsfolgen erfolgt durch Rei-
hungsregeln, Prioritätsregeln und Näherungsverfahren.

Aufgabe C.2.22	Reihenfolgeplanung

BA ABWL
PW

In einem Fertigungsabschnitt sollen im Rahmen der Teilefertigung
sechs Aufträge mit den in der Tabelle dargestellten Bearbeitungsdauern gefertigt werden.
Alle Aufträge besitzen die gleiche technologische Bearbeitungsfolge. Die Bearbeitung erfolgt stets in der Reihenfolge Drehen, Bohren, Fräsen.
Im Anschluss an den Teilefertigungsprozess durchlaufen die Aufträge die Montage. Der Montageprozess wird in zwei Arbeitsgängen durchgeführt.

Alle Aufträge besitzen die gleiche technologische Bearbeitungsfolge. Die Bearbeitung erfolgt stets in der Reihenfolge Heften, Schweißen.

Teilaufgaben:
1. Ermitteln Sie in der Teilefertigung die organisatorische Bearbeitungsfolge bei Anwendung der KOZ-Regel und bestimmen Sie die Gesamtdurchlaufzeit mittels der Potenzialmethode von ROY.
2. Ermitteln Sie in der Teilefertigung die organisatorische Bearbeitungsfolge bei Anwendung der Reihungsregel nach SOKOLIZIN und bestimmen Sie die Gesamtdurchlaufzeit mittels der Potenzialmethode von ROY.
3. Führen Sie einen Vergleich der unter 1. und 2. erzielten Ergebnisse durch und kommentieren Sie diese.
4. Ermitteln Sie für die Montage mit der Reihungsregel von JOHNSON die optimale Bearbeitungsfolge und bestimmen Sie dafür die Gesamtdurchlaufzeit auf graphischem Wege. Kommentieren Sie das erzielte Ergebnis und schätzen Sie insbesondere die anfallenden Unterbrechungszeiten ein.

Gegeben:

Tabelle 1:

Bearbeitungsdauer in der Teilefertigung (Angaben in h):

Arbeitsgang i	Auftrag j					
	1	2	3	4	5	6
Bohren	20	6	4	12	8	6
Drehen	8	10	3	5	12	7
Fräsen	15	8	16	6	5	14

Tabelle 2:

Bearbeitungsdauer in der Montage (Angaben in h):

Arbeitsgang i	Auftrag j					
	1	2	3	4	5	6
Heften	7	3	9	1	4	8
Schweißen	4	8	2	5	11	6

Lösung C.2.22	Bilder PW.C.2.(75), PW.C.2.(76), PW.C.2.(78), PW.C.2.(80)

1. Teilaufgabe

Bestimmung der organisatorischen Bearbeitungsfolge für die Teilefertigung nach KOZ und der Gesamtdurchlaufzeit mit ROY:

1. Schritt:
Umstellen der Matrix der Bearbeitungszeiten nach der technologischen Bearbeitungsfolge (Angaben in h):

Arbeitsgang i	Auftrag j					
	1	2	3	4	5	6
Drehen	8	10	3	5	12	7
Bohren	20	6	4	12	8	6
Fräsen	15	8	16	6	5	14

2. Schritt:
Bestimmung der organisatorischen Bearbeitungsfolge nach der KOZ-Regel (Angaben in h):

Arbeitsgang i	Auftrag j					
	1	2	3	4	5	6
Drehen	8	10	3	5	12	7
Bohren	20	6	4	12	8	6
Fräsen	15	8	16	6	5	14
Rang	4	5	1	2	6	3

Nach der KOZ-Regel ergibt sich die organisatorische Bearbeitungsfolge der Aufträge: $A_3 - A_4 - A_6 - A_1 - A_2 - A_5$.

3. Schritt:
Anordnung der Aufträge nach der organisatorischen Bearbeitungsfolge (Angaben in h):

Arbeitsgang i	Auftrag j					
	3	4	6	1	2	5
Drehen	3	5	7	8	10	12
Bohren	4	12	6	20	6	8
Fräsen	16	6	14	15	8	5

4. Schritt:
Gesamtdurchlaufzeit nach der Potenzialmethode von ROY (Angaben in h):

Arbeitsgang i	Auftrag j					
	3	4	6	1	2	5
Drehen	3	8	15	23	33	45
Bohren	7	20	26	46	52	60
Fräsen	23	29	43	61	69	**74**

Die Gesamtdurchlaufzeit für die nach der KOZ-Regel bestimmten Auftragsreihenfolge beträgt 74 Stunden.

2. Teilaufgabe
1. Schritt:
Bestimmung der organisatorischen Bearbeitungsfolge nach SOKOLIZIN (Angaben in h):

Arbeitsgang i	Auftrag j					
	1	2	3	4	5	6
Drehen	8	10	3	5	12	7
Bohren	20	6	4	12	8	6
Fräsen	15	8	16	6	5	14
$t_{3i} - t_{1j}$	+7	-2	+13	+1	-7	+7
Rang	2	5	1	4	6	2

Die Aufträge 1 und 6 sind nach SOKOLIZIN gleichrangig.

Um eine eindeutige Entscheidung über die Vorrangigkeit zwischen diesen beiden Aufträgen fällen zu können, müssten für beide Varianten jeweils die Gesamtdurchlaufzeit bestimmt werden. Die kürzere Gesamtdurchlaufzeit verdeutlicht die bessere organisatorische Bearbeitungsfolge.

Da es sich bei der Methode von SOKOLIZIN jedoch um eine Näherungslösung handelt, ist der damit verbundene Aufwand nicht immer angemessen. Deshalb kann auch durch Anwendung einer weiteren Näherungslösung oder einer geeigneten Prioritätsregel eine akzeptable Lösung gefunden werden.

Hier ist der Einsatz der KOZ-Regel zu empfehlen. Dadurch wird der Auftrag 6 gegenüber dem Auftrag 1 bevorzugt.

Es ergibt sich durch Anwendung der Methode von SOKOLIZIN und durch die ergänzende Nutzung der KOZ-Regel folgende organisatorische Bearbeitungsfolge der Aufträge: A_3 - A_6 - A_1 - A_4 - A_2 - A_5.

2. Schritt:
Anordnung der Aufträge nach der organisatorischen Bearbeitungsfolge (Angaben in h):

Arbeitsgang i	Auftrag j					
	3	6	1	4	2	5
Drehen	3	7	8	5	10	12
Bohren	4	6	20	12	6	8
Fräsen	16	14	15	6	8	5

3. Schritt:
Gesamtdurchlaufzeit nach der Potenzialmethode von ROY (Angaben in h):

Arbeitsgang i	Auftrag j					
	3	6	1	4	2	5
Drehen	3	10	18	23	33	45
Bohren	7	16	38	50	56	64
Fräsen	23	37	53	59	67	72

Die Gesamtdurchlaufzeit für die nach der Methode von SOKOLIZIN bestimmten Auftragsreihenfolge beträgt 72 Stunden.

3. Teilaufgabe
Interpretation der unter 1. und 2. erzielten Ergebnisse

Ergebnisüberblick:

Rang	1	2	3	4	5	6	Durch-laufzeit
KOZ-Regel	A_3	A_4	A_6	A_1	A_2	A_5	74 h
SOKOLIZIN	A_3	A_6	A_1	A_4	A_2	A_5	72 h

Die Auftragsreihenfolge nach SOKOLIZIN liefert eine um 2 h bessere Lösung als die Anwendung der KOZ-Regel. Ausschlaggebend ist die veränderte Einordnung des Auftrags 4. Alle anderen Aufträge haben eine unveränderte Reihenfolge.

Dass mit dem Näherungsverfahren von SOKOLIZIN ein besseres Ergebnis erreicht wird, war zu erwarten, weil hier das Reihenfolgeproblem umfassender behandelt wird (Berücksichtigung der ersten und letzten Zeile in der Matrix der Bearbeitungsdauern).

Das bessere Ergebnis mit SOKOLIZIN kann aber nicht für alle Anwendungsfälle mit Sicherheit vorausgesagt werden, weil es sich in beiden Fällen um die Anwendung heuristischer Prinzipien handelt. Diese liefern zwar stets gute, aber nicht unbedingt die beste Lösung.

4. Teilaufgabe

Bestimmung der optimalen organisatorischen Bearbeitungsfolge für die Montage (JOHNSON-Regel):

Arbeitsgang i	Auftrag j					
	1	2	3	4	5	6
Heften	7	3	9	1	4	8
Schweißen	4	8	2	5	11	6
Rang	5	2	6	1	3	4

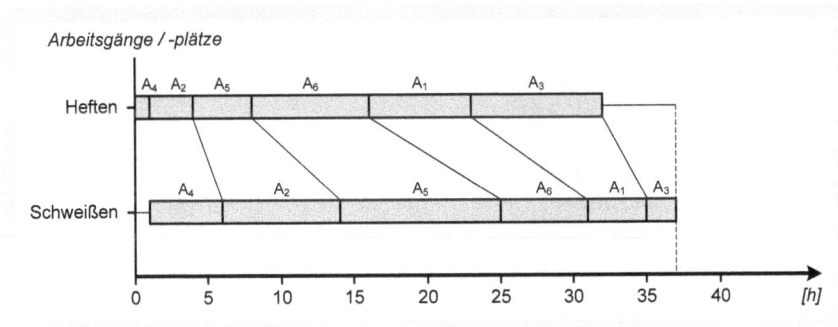

Auf der Grundlage der mit der JOHNSON-Regel ermittelten optimalen Auftragsreihenfolge ergibt sich für die Montage der Aufträge eine Gesamtdurchlaufzeit von 37 Stunden.

Es treten keine Warte- und Stillstandszeiten auf. Diese hätten sich nur beim Schweißen ergeben können, wurden jedoch durch die günstige Auftragsreihenfolge vermieden. Die Graphik verdeutlicht, dass es keine Auftragsreihenfolge mit einer kürzeren Gesamtdurchlaufzeit geben kann.

Es kommt jedoch bei den Aufträgen vor dem Arbeitsgang Schweißen zu Liegezeiten. Diese haben einen Gesamtumfang von 28 Stunden.

Aufgabe C.2.23	Dynamische Reihenfolgeplanung

BA ABWL
PW

Es ist die organisatorische Bearbeitungsfolge für eine gegebene Menge von Fertigungsaufträgen vor der Bearbeitungsstation Bohren durch Anwendung der KOZ-Regel zu bestimmen.

Um dabei jedoch auch die Termineinhaltung zu sichern, muss ausgeschlossen werden, dass ein Fertigungsauftrag zu lange vor der Bearbeitungsstation Bohren liegt. Dazu wird als Entscheidungskriterium die Liegezeit von 30 Stunden vorgegeben. Wird dieser Schwellwert zum Zeitpunkt der Reihenfolgebestimmung für einen oder mehrere Fertigungsaufträge überschritten, ist die KOZ-Regel durch eine terminorientierte Reihenfolgeentscheidung zu ersetzen.

Zum Zeitpunkt des Beginns der Reihenfolgeplanung warten drei Aufträge vor der Bearbeitungsstation, drei weitere Aufträge treffen während des Planungszeitraums ein.

Die zur Bestimmung der Reihenfolge erforderlichen Daten (Liegezeiten der drei Aufträge zum Planungsbeginn, Zeitpunkt des Eintreffens der weiteren drei Aufträge während der Reihenfolgeplanung und Bearbeitungsdauer der Aufträge) sind in der nachfolgenden Tabelle angegeben.

Teilaufgaben:
1. Bestimmen Sie die organisatorische Bearbeitungsfolge für die angegebenen sechs Fertigungsaufträge.
2. Charakterisieren Sie die prinzipiellen Wirkungen der KOZ-Regel hinsichtlich wichtiger Kenngrößen des Fertigungsablaufs und ergänzen Sie diese Betrachtung durch eine von Ihnen selbst gewählte Prioritätsregel.

Gegeben:

Tabelle der Ausgangsdaten (Angaben in h):

	Auftrag j					
	1	2	3	4	5	6
Bearbeitungs-dauer	11	6	10	9	7	6
Liegezeit bei Planungsbeginn	20	10	10	-	-	-
Zeitpunkt des Eintreffens nach Planungsbeginn	-	-	-	5	10	20

| **Lösung C.2.23** | **Bild PW.C.2.(71)** |

1. Teilaufgabe

Bei der Aufgabe handelt es sich um eine dynamische Reihenfolgeplanung. Die Lösung dieser Aufgabe macht es erforderlich, die KOZ-Regel und die Liege- bzw. Wartezeitregel alternativ zu kombinieren.

Dynamisch bedeutet, dass im Zeitablauf Reihenfolgeentscheidungen wiederholt neu zu lösen sind. Zu Beginn des Planungsablaufs wird unter den gegebenen Bedingungen der als nächstes zu bearbeitende Auftrag ausgewählt. Zum Zeitpunkt der Fertigstellung dieses Auftrags hat eine weitere Reihenfolgeentscheidung zu erfolgen. Dabei sind allerdings veränderte Bedingungen zu berücksichtigen. Diese Veränderungen resultieren einerseits aus zwischenzeitlich neu eingetroffenen Aufträgen und andererseits aus der Veränderung des Werts von Entscheidungskriterien (hier Liegezeit). Diese Vorgehensweise ist bis zur vollständigen Bestimmung der Bearbeitungsfolge fortzusetzen.

Bei jeder Entscheidungsfindung ist zunächst zu überprüfen, ob zum Zeitpunkt der Reihenfolgebestimmung bei einem oder mehreren der vor der Bearbeitungsstation befindlichen Aufträge die aktuelle Liegezeit den Schwellwert von 30 Stunden überschreitet. Ist das der Fall, erfolgt die Wahl des nächsten Auftrags nach dem Kriterium „Längste Liegezeit". Wird bei keinem Auftrag eine Liegezeit von 30 Stunden überschritten, gilt als alternatives Entscheidungskriterium die „Kürzeste Operationszeit".

Die Lösung dieser Aufgabe kann graphisch oder tabellarisch erfolgen.

Graphische Lösung:

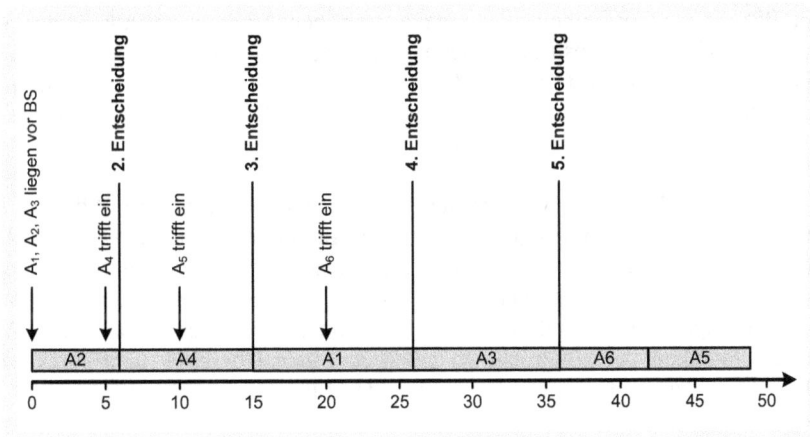

Die gesuchte organisatorische Bearbeitungsfolge ist: A_2 - A_4 - A_1 - A_3 - A_6 - A_5

Tabellarische Lösung:

Auf-trags-Nr.	Zeitpunkt Planungs-beginn (0)	Zeitpunkt Fertig-stellung A$_2$ (0 + 6 = 6)	Zeitpunkt Fertig-stellung A$_4$ (6 + 9 = 15)	Zeitpunkt Fertig-stellung A$_1$ (15 + 11 = 26)	Zeitpunkt Fertig-stellung A$_3$ (26 + 10 = 36)	Zeitpunkt Fertig-stellung A$_6$ (36 + 6 = 42)
1	20	26	35	-	-	-
2	5	-	-	-	-	-
3	10	16	25	36	-	-
4	-	1	-	-	-	-
5	-	-	5	16	26	32
6	-	-	-	6	16	-

Die gesuchte organisatorische Bearbeitungsfolge ist: A$_2$ - A$_4$ - A$_1$ - A$_3$ - A$_6$ - A$_5$

2. Teilaufgabe

Die Lösung kann dem Bild PW.C.2.(71) des Lehrbuchs entnommen werden.

Aufgabe C.2.24	Produktionsplanung und -steuerung

BA ABWL PW MA FIDL PPS	Was verstehen Sie unter Produktionsplanung und -steuerung (PPS)? Wie kann die PPS zur Sicherung der Wettbewerbsfähigkeit von Unternehmen beitragen?

Lösung C.2.24	Bild PW.C.2.(84)

Die PPS ist die Gesamtheit aller organisatorischen Arbeiten zur komplexen Auftragsabwicklung in Industrieunternehmen. Sie reicht von der Angebotsbearbeitung bis zum Versand und schließt die Auftragsabwicklung in der Konstruktion, in der Arbeitsplanung, im Vertrieb, im Einkauf, in der Teilefertigung und Montage, im Ersatzteilwesen und im Versand ein.

Als Aufgabe des operativen Produktionsmanagement sorgt die PPS für eine reibungslose Auftragsabwicklung. Vor allem orientiert sie auf kurze Durchlauf- und Lieferzeiten, eine gute Termineinhaltung, geringe Bestände und eine akzeptable Kapazitätsauslastung. Damit wird sowohl eine kundenfreundliche als auch eine kostengünstige Produktion ermöglicht und ein wichtiger Beitrag zur Wettbewerbsfähigkeit der Unternehmen geleistet. Einen Überblick über Funktionen, Planungsgrößen und ausgewählte Daten der PPS liefert Bild PW.C.2.(84) des Lehrbuchs.

Aufgabe C.2.25	Aachener PPS-Modell

Was beinhaltet das Aachener PPS-Modell? Warum wurde dieses Modell entwickelt)?

MA FIDL
PPS

Lösung C.2.25	Bilder PW.C.2.(85), PW.C.2.(86)

Das Aachener PPS-Modell wurde als Referenzmodell entwickelt, das eine Empfehlung für die Auftragsabwicklung in den Unternehmen gibt. Für vier unterschiedliche Auftragsabwicklungstypen (Auftrags-, Rahmenauftrags-, Varianten- und Lagerfertiger) wurden jeweils vier dazu passende Sichten bzw. Modelle (Aufgaben-, Funktions-, Prozess- und Datenmodell) entwickelt, die unter den konkreten Bedingungen der Unternehmen anzupassen sind.

Das Aachener PPS-Modell ermöglicht eine differenziertere Betrachtungsweise, weil die bisher übliche Unterteilung in PPS-Funktionen wesentlich erweitert und vertieft wurde. Damit wird auf die ständig komplizierter werdende Auftragsabwicklung und auf die ständig leistungsfähiger werdenden PPS-Systeme konzeptionell reagiert.

Aufgabe C.2.26	Just-In-Time

Was verstehen Sie im Rahmen der Produktionsplanung und -steuerung unter Just-In-Time (JIT)?
Welche Rolle spielt JIT für die modernen Methoden und Verfahren der PPS?

MA FIDL
PPS

Lösung C.2.26	Bild PW.C.2.(87)

JIT ist eine bereichs- und firmenübergreifende Philosophie für alle Fragen und Probleme, die die Organisation der Produktion betreffen. Diese grundsätzliche Denk- und Handlungsweise soll dafür sorgen, dass die Produktionsfaktoren genau zur richtigen Zeit wirksam werden. Die Anwendung von JIT ist auf einen konsequenten Kampf gegen jegliche Art von Unterbrechungen im Wertschöpfungsprozess gerichtet. Es soll erreicht werden, dass das richtige Gut, in der richtigen Menge, in der richtigen Qualität, zur richtigen Zeit, am richtigen Ort ist.

Für die Methoden und Verfahren der PPS ist JIT die übergeordnete Philosophie. Alle diese Methoden sind auf den Abbau unnötiger Unterbrechungen und Bestände gerichtet. Damit werden diese Methoden und Verfahren im Sinne von JIT wirksam. Dies erfolgt in Abhängigkeit von den jeweiligen Bedingungen allerdings mit unterschiedlichem Niveau und mit unterschiedlichen Strategien (z. B. Bestandsoptimierung, Flussoptimierung, Engpassbeherrschung).

Aufgabe C.2.27	KANBAN

MA FIDL PPS	Charakterisieren Sie das KANBAN-System hinsichtlich Inhalt, Funktionsweise und Anwendungsbedingungen.

Lösung C.2.27		Bild PW.C.2.(93)

KANBAN ist eine Methode zur Fertigungssteuerung, die nach dem Hol-Prinzip funktioniert. Es wird die Anordnung der Arbeitsplätze nach dem Reihenprinzip vorausgesetzt.

Die Fertigung wird durch die letzte Bearbeitungsstation im Bedarfsfall ausgelöst. Diese entnimmt, um produzieren zu können, einem vorgelagerten Puffer die zu bearbeitenden Teile. Die dabei entstehende Lücke im Puffer ist durch die davor liegende Bearbeitungsstation wieder zu schließen. So wird der Impuls zum Anstoß der Fertigung vom letzten zum ersten Arbeitsplatz der Fertigungsreihe weitergegeben. Das bedeutet, dass der Materialfluss und der Informationsfluss entgegengesetzt gerichtet sind.

Da fast alle Aktivitäten zur Steuerung des Fertigungsablaufs vom Bedienungspersonal der Maschinen realisiert werden, handelt es sich um eine dezentrale Fertigungssteuerung. Durch das KANBAN-System ist eine sehr schnelle Reaktion auf Bedarfsanforderungen bei relativ geringem Bestandsniveau möglich.

Neben der Organisationsform Fertigungsreihe sollten allerdings noch weitere Bedingungen bzw. Voraussetzungen erfüllt sein, um erfolgreich mit KANBAN arbeiten zu können:

➢ Bearbeitung einfacher, standardisierter Teile, die ständig gefragt sind
➢ Integration einer überschaubaren Anzahl von Bearbeitungsstationen, die jeweils durch einen Puffer voneinander getrennt sind, in ein Fertigungssystem
➢ Teiletransport in standardisierten Behältern
➢ Verkürzung der Rüstzeiten, damit auch kleine Lose wirtschaftlich sind
➢ Sicherung einer hohen Bearbeitungsqualität und einer hohen Zuverlässigkeit der Potenzialfaktoren

Aufgabe C.2.28	Auswahlbedingungen für Steuerungsmethoden

Der erfolgreiche Einsatz von Methoden und Verfahren der PPS ist davon abhängig, dass für die jeweiligen Anwendungsbedingungen die richtigen Methoden und Verfahren ausgewählt werden.
Welche Anwendungsbedingungen sind für die Methodenauswahl wesentlich?
Geben Sie günstige bzw. typische Anwendungsbedingungen für die belastungsorientierte Auftragsfreigabe (BOA), für das KANBAN-System und das Fortschrittszahlen-System (FZS) an.

MA FIDL
PPS

Lösung C.2.28		Bild PW.C.2.(96)

Es sind folgende Anwendungsbedingungen zu beachten:

➢ Fertigungsart oder Fertigungstyp (z. B. Einzel-, Klein-, Mittel- und Großserienfertigung, Massenfertigung)
➢ Organisationsform (z. B. Werkstattfertigung, Fertigungsabschnitt, Fertigungsreihe, Fließfertigung)
➢ Technologische Bearbeitungsfolge oder Vernetzung der Kapazitätseinheiten (z. B. variierende oder gleiche technologische Bearbeitungsfolge, damit starke, geringe oder keine Vernetzung der Kapazitätseinheiten)
➢ Streuung der Bearbeitungszeiten (z. B. stark oder schwach streuende, konstante Bearbeitungszeiten)

Für die angegebenen Methoden der PPS sind folgende Anwendungsbedingungen typisch:

	BOA	KANBAN	FZS
Fertigungsart	Einzel- und Kleinserienfertigung	Mittel- und Großserienfertigung	Großserien- und Massenfertigung
Organisationsform	Werkstattfertigung, Fertigungsabschnitt	Fertigungsreihe	Fließfertigung
Technologische Bearbeitungsfolge	Variierende Bearbeitungsfolge	Gleiche Bearbeitungsfolge	Gleiche Bearbeitungsfolge
Bearbeitungszeiten	Stark streuend	Schwach streuend	Konstant

Weichen die Anwendungsbedingungen von den hier angegebenen Ausprägungen ab, sinkt die Wirksamkeit der Methoden bzw. es sind Modifikationen gegenüber den üblichen Vorgehensweisen erforderlich.

Aufgabe C.2.29	Charakteristik von Projekten

MA FIDL
PPS

Nehmen Sie eine Gegenüberstellung von Prozessen mit Projektcharakter und sich wiederholenden Produktionsprozessen anhand der Merkmale in der gegebenen Tabelle vor.

Lösung C.2.29	Bild PW.C.2.(97)

Die Lösung besteht in dem Ausfüllen der freien Felder in der Abbildung auf der Grundlage von Bild PW.C.2.(97) des Lehrbuchs.

Merkmale	Prozesstypen	
	Prozesse mit Projektcharakter	Wiederholende Produktionsprozesse
Neuheitsgrad		
Wiederholcharakter		
Risiko		
Komplexität		
Organisation		
Führungsaufgabe		
Verantwortung		

Aufgabe C.2.30	Projektorganisation

Nennen Sie die drei Grundformen der Projektorganisation. Charakterisieren Sie diese hinsichtlich ihrer Vor- und Nachteile anhand der vorgegebenen Tabelle.

MA FIDL
PPS

Lösung C.2.30	Bild PW.C.2.(102)

Die Lösung besteht im Ausfüllen der freien Felder in der Abbildung auf der Grundlage von Bild PW.C.2.(102) des Lehrbuchs.

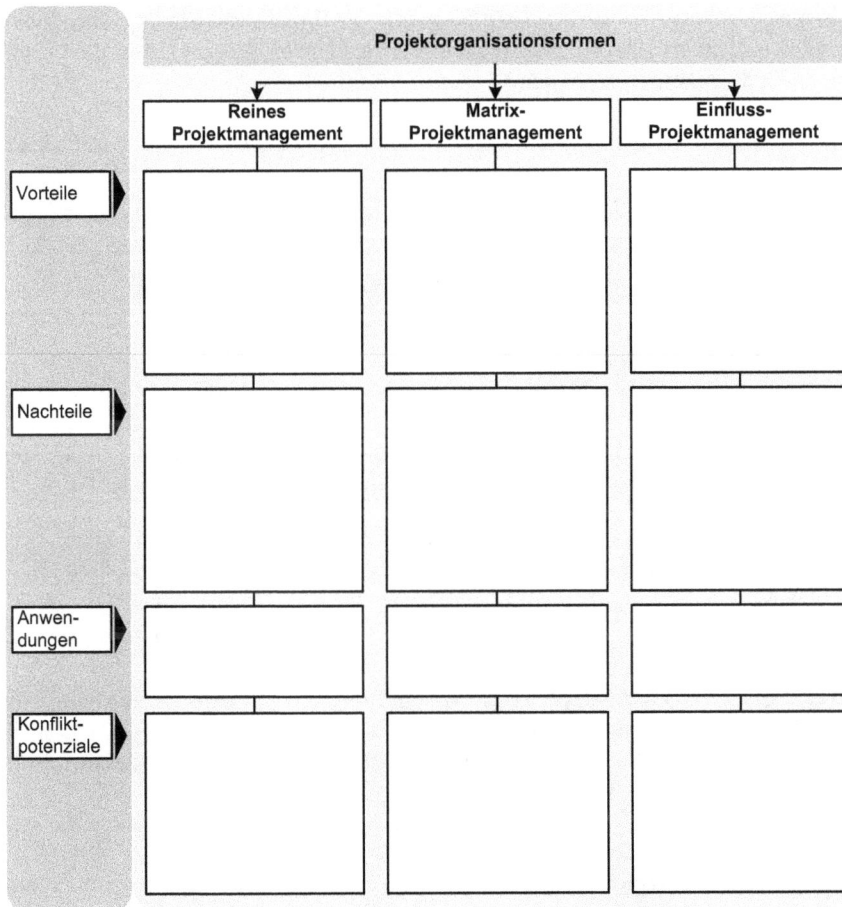

Aufgabe C.2.31	Projektstrukturplan

MA FIDL
PPS Erläutern Sie den grundsätzlichen Aufbau eines Projektstrukturplans sowie seine Bedeutung für das Projektmanagement!

Lösung C.2.31	Bild PW.C.2.(104)

Ein Projektstrukturplan (PSP) zeigt die hierarchische Gliederung des Projektgegenstands. Bestandteile der hierarchischen Struktur sind Teilaufgaben und Arbeitspakete.

Die Arbeitspakete sind die kleinsten Elemente des Projektstrukturplans. Ihre Inhalte sind so definiert, dass sie zu ihrer Realisierung einer Organisationseinheit (Stelle) eindeutig zugewiesen werden können.

Der Projektstrukturplan ist das entscheidende Ordnungsinstrument des Projektmanagement.

Aufgabe C.2.32	Projektablaufplanung und Netzplantechnik

MA FIDL
PPS **Teilaufgaben:**
1. Für nachstehende Vorgangsliste des Projekts „C2" ist ein Netzplan als Vorgangs-Knoten-Netz (VKN) zu skizzieren.
2. Bestimmen Sie für alle Vorgänge die frühesten und spätesten Anfangs- und Endzeitpunkte; geben Sie die kritischen Wege und die Projektdauer an.
3. Im weiteren Verlauf der Projektplanung wird festgestellt, dass folgende Veränderungen im ursprünglich geplanten Projektablauf vorzusehen sind:
   - Vorgang 05 kann schon 4 Tage vor Abschluss von Vorgang 02 beginnen
   - Vorgang 03 kann schon 10 Tage nach dem Beginn von Vorgang 01 beginnen
   - Zwischen den Vorgängen 08 und 11 müssen mindestens 2 Tage Wartezeit sein

   Skizzieren Sie den Netzplan unter Angabe der veränderten Anordnungsbeziehungen.

   Welche Veränderungen ergeben sich hinsichtlich der Kritizität sowie der Projektdauer im Vergleich zur ursprünglichen Version?

Gegeben:

Vorgangsliste Projekt „C2":

Vorgangs-Nummer	Nachfolger	Dauer [d]
01	03; 04	12
02	04; 05	14
03	06	20
04	06	15
05	07; 08	25
06	09; 10	16
07	09; 10	10
08	11	5
09	12	4
10	12	5
11	-	17
12	-	8

Lösung C.2.32

1. und 2. Teilaufgabe

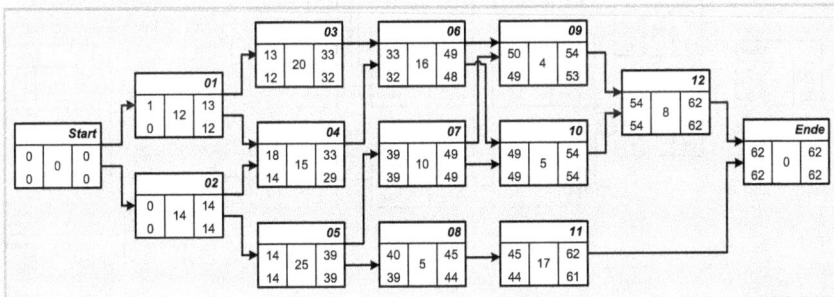

Kritischer Weg	Vorgänge: 02 – 05 – 07 – 10 – 12
Projektdauer	62 Tage

3. Teilaufgabe

Veränderungen der Anordnungsbeziehungen (AOB) in der Vorgangsliste:

Vorgangs-Nummer	AOB
01	
02	
03	AF + 10
04	
05	NF - 4
06	
07	
08	
09	
10	
11	NF + 2
12	

Verändertes Vorgangs-Knoten-Netz unter Berücksichtigung der geänderten Anordnungsbeziehungen:

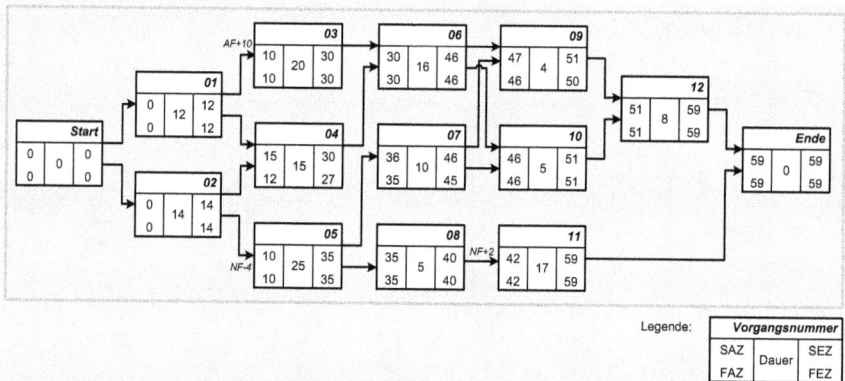

Legende:

Vorgangsnummer		
SAZ	Dauer	SEZ
FAZ		FEZ

Wirkung auf Kritizität:

Im Gegensatz zur ursprünglichen Situation werden durch die Änderungen folgende Wege kritisch:

- Vorgänge 01 – 03 – 06 – 10 – 12
- Vorgänge 02 – 05 – 08 – 11

Die Projektdauer wird von 62 auf 59 Tage verkürzt.

C.3 Produktionslogistik

Aufgabe C.3.1	Ziele der Produktionslogistik

Welche Ziele werden im Rahmen der Produktionslogistik verfolgt? MA FIDL
Woraus müssen diese Ziele abgeleitet werden? PPS
Welche Formal- und Sachziele der Produktionslogistik gibt es?
Nennen Sie Kennzahlen zur Darstellung der Logistikleistung.

Lösung C.3.1	Bild PW.C.3.(4)

Die Ziele der Produktionslogistik müssen aus den Unternehmenszielen und den Zielen der Unternehmenslogistik abgeleitet werden.

Das Formalziel der Produktionslogistik ist die Erhöhung des Logistikerfolgs durch bessere Logistikleistungen und geringere Logistikkosten.

Das Sachziel der Produktionslogistik ist die mengen-, termin- und qualitätsgerechte Versorgung der Produktionsstellen mit Material und unfertigen Erzeugnissen sowie die bedarfsgerechte Lieferung der Fertigerzeugnisse in das Fertigwarenlager.

Die Logistikleistung kann durch folgende Kennzahlen des Liefer- und Versorgungsservices ausgewiesen werden: Lieferzeit, Liefertreue, Lieferfähigkeit, Lieferbeschaffenheit, Lieferflexibilität, Informationsbereitschaft.

Zu den Logistikkosten gehören folgende Bestandteile: Transportkosten, Umschlagskosten, Lagerungskosten sowie Systemkosten.

Aufgabe C.3.2	Aufgaben der Produktionslogistik

Welche Aufgaben sind im Rahmen der Produktionslogistik zu reali- MA FIDL
sieren? Wie können diese Aufgaben systematisiert werden? PPS

Lösung C.3.2	Bild PW.C.3.(5)

Die Aufgaben der Produktionslogistik sind aus der Definition der Produktionslogistik und aus ihren Zielen abzuleiten.

Zur Realisierung des Material- und Güterflusses sind folgende (physische) Aufgaben zu erfüllen: Transportieren, Umschlagen, Lagern, Handhaben, Kommissionieren, Verpacken.

Durch die Beherrschung der Informationsflüsse ist die Koordination der Material- und Güterflüsse zu sichern. Dazu sind strategisch-taktische Aufgaben (z. B. Produkt-, Programm-, Prozessgestaltung und Gestaltung der Informationssysteme zum Schaffen von Potenzialen für die Logistik) operativ-steuernde Aufgaben (z. B. Auftragsabwicklung, um die Potenziale der Produktionslogistik zu nutzen) und administrative Aufgaben (z. B. Beherrschung des Belegflusses und der Auftragsbearbeitung) zu lösen.

Eine Variante zur Systematisierung der Aufgaben stellt Bild PW.C.3.(5) des Lehrbuchs dar.

Aufgabe C.3.3	Bestands- und Flussoptimierung

MA FIDL
PPS

Was verstehen Sie im Rahmen der operativen Produktionslogistik unter Bestands- und Flussoptimierung?
Ordnen Sie die Methoden der operativen Produktionslogistik diesen beiden Kategorien zu.

Lösung C.3.3	Bild PW.C.3.(11)

Bei der Bestandsoptimierung wird versucht, die Ziele der Produktionslogistik durch eine optimale Dimensionierung der Bestände zu erreichen. Dadurch werden die Vorteile von Beständen (z. B. kurze Lieferzeiten, Störungsüberbrückung, Ausgleich unabgestimmter Kapazitäten) genutzt und die Nachteile (z. B. Kostenverursachung, Risiko der Obsoleszenz und Flächen- bzw. Raumbedarf) gering gehalten.

Bei der Flussoptimierung wird versucht, die Ziele der Produktionslogistik zu erreichen, indem die an der Fertigung beteiligten Kapazitätseinheiten so aufeinander abgestimmt und synchronisiert werden, dass ein „Fließen" der Fertigung möglich wird. Dazu ist eine entsprechende räumliche Anordnung der Arbeitsplätze erforderlich, es sind kleine Transportlose einzurichten und es sind Störungen durch entsprechende organisatorische und technische Maßnahmen weitgehend auszuschließen.

Der Bestandsoptimierung können zugeordnet werden: Manufacturing Resource Planning, Belastungsorientierte Auftragsfreigabe, Retrograde Terminierung und Optimized Production Technology. Der Flussoptimierung können zugeordnet werden: KANBAN-System, Fortschrittszahlen-System und CONWIP.

Aufgabe C.3.4	Bevorratungsebene

Was verstehen Sie unter einer Bevorratungsebene?
Welche Wirkungen können mit der Festlegung der Bevorratungsebene erzielt werden?

MA FIDL
PPS

Lösung C.3.4	Bilder PW.C.3.(14), PW.C.3.(15)

Die Bevorratungsebene ist die Schnittstelle zwischen auftragsbezogener und er-
wartungsbezogener Produktion. Es wird dabei für die Einzelteile und Baugruppen
festgelegt, welche Komponenten erst aufgrund eines konkreten Kundenauftrags
und welche aufgrund von Prognosen über den zukünftigen Bedarf zu produzieren
sind.

Je weiter die Bevorratungsebene an den Anfang der logistischen Kette verlagert
wird, desto stärker dominiert die auftragsbezogene Produktion. Damit verbunden
sind ein geringeres Bestandsniveau und ein reduziertes Risiko der Obsoleszenz.
Gleichzeitig wird es jedoch schwieriger, den Produktionsablauf kontinuierlich und
damit wirtschaftlich zu gestalten.

Für die Festlegung der Bevorratungsebene ist es wichtig, dass der aus der auf-
tragsgebundenen Produktion resultierende Anteil der Durchlaufzeit kürzer als die
marktübliche Lieferzeit ist und dass die Bevorratungsebene vor einem Wertsprung
in der Wertzuwachskurve liegt, um die Bestandskosten gering zu halten.

C.4 Produktionscontrolling

Aufgabe C.4.1	Funktionen des Produktionscontrolling

BA ABWL
PW

Nennen und erläutern Sie die Grundfunktionen des Produktions-controlling.

Lösung C.4.1	Bilder PW.C.4.(8), PW.C.4.(9)

Die Grundfunktionen des Produktionscontrolling sind:

➢ Zielbildungsfunktion
➢ Koordinationsfunktion
➢ Informationsversorgungsfunktion

Die Zielbildungsfunktion realisiert die Ableitung von Teilzielen und Einzelzielen des Funktionsbereichs Produktion aus dem Globalziel des Unternehmens. Sie bestimmt das Zeitmaß der Zielrealisierung sowie die Transformation zwischen Sach- und Formalzielen.

Die Koordinationsfunktion ist die übergreifende Funktion des Controlling, die alle Managementaufgaben im Bereich Produktion verbindet. Es ist zwischen Koordination nach außen und Koordination nach innen zu unterscheiden.

Die Koordination nach außen hat die Wechselwirkungen des Unternehmens mit seiner Umwelt zum Gegenstand. Sie ist das Aufgabenfeld des strategischen Controlling, welches im Bereich Produktion z. B. die Investitionspolitik umfasst.

Die Koordination nach innen befasst sich mit der Abstimmung unternehmensinterner Zielgrößen. Sie ist die Koordination im eigentlichen Sinne und wird auch als Zielorientierung bezeichnet.

Eine wesentliche Aufgabe des Produktionscontrolling ist die Koordination strategischer Ansätze zur Sicherung der Wettbewerbsfähigkeit und operativer Ansätze zur Steigerung der Ergiebigkeit des Produktionsprozesses.

Gegenstand der Informationsversorgungsfunktion ist die Bereitstellung relevanter Informationen und Methoden zur Lösung dispositiver Aufgaben. Die Realisierung der Informationsversorgung erfolgt über ein Informationsversorgungssystem, welches mit seinen Subsystemen Rechnungswesen und Berichtswesen alle Unternehmensbereiche erfasst. Das Produktionscontrolling wird darüber hinaus um die Betriebsdatenerfassung erweitert.

Aufgabe C.4.2	Controlling in den Organisationsformen der Fertigung

Erläutern Sie die Bedeutung des operativen Produktionscontrolling in der Teilefertigung in Abhängigkeit von der Organisationsform.

MA FIDL
ORG

Lösung C.4.2	Bild PW.C.4.(18)

Das Aufgabenspektrum des Produktionscontrolling ist in Organisationsformen mit hoher Flexibilität (Werkstattfertigung, Gegenstandsspezialisierter Fertigungsabschnitt, Flexibles Fertigungssystem) sehr groß. Es nimmt mit dem Übergang zu gegenstandsspezialisierten Organisationsformen und deren wachsender Kontinuität ab.

Eine Ausnahme bildet hier die Einzelplatzfertigung bezüglich der Reihenfolgeplanung. Qualitäts- und Instandhaltungscontrolling besitzen über nahezu alle Organisationsformen eine gleich bleibende Bedeutung.

C.5 Qualitäts- und Umweltmanagement

Aufgabe C.5.1	Dimensionen des Qualitätsmanagement

BA GBWL PW MA FIDL QUM	Erläutern Sie die Beziehungen, die zwischen den makrostrukturorientierten Qualitätsdimensionen bestehen. Welche Rolle spielt in diesem Zusammenhang der Kunde?

Lösung C.5.1	Bild PW.C.5.(2)

Die makrostrukturorientierten Qualitätsdimensionen sind die

➢ Erzeugnisqualität (Output),
➢ Prozessqualität (Throughput) und die
➢ Ressourcenqualität (Input).

Die Ressourcenqualität definiert die Qualität der beschafften Inputfaktoren (AK, BM, WS). Die Prozessqualität definiert die im Produktionsprozess realisierte Qualität der Kombination der Inputfaktoren. Die Erzeugnisqualität charakterisiert die Qualität der Produkte, die im Produktionsprozess hergestellt werden und zum Absatz bestimmt sind.

Die Sicherung einer exzellenten Ressourcen-, Prozess- und Erzeugnisqualität ist die Aufgabe der dispositiven Produktionsfaktoren des Qualitätsmanagement.

Der Kunde definiert i. d. R. seine Anforderungen an die von ihm nachgefragten Produkte. Diese Anforderungen sind nur dann zu realisieren, wenn der Produktionsprozess in der Lage ist, die geforderten Qualitätseigenschaften der Produkte zu erzeugen. Das wiederum ist nur möglich, wenn es gelingt, Inputfaktoren zu beschaffen, die diesem Qualitätsanspruch genügen.

Aufgabe C.5.2	Qualitätsmanagement

Wie lassen sich Qualitätsanforderungen der Kunden differenzieren? MA FIDL
Welche Bedeutung besitzen in diesem Zusammenhang die Begriffe QUM
Gebrauchstauglichkeit und Zuverlässigkeit?
Welche Aufgaben löst die Qualitätslenkung bei der Befriedigung der
Qualitätsanforderungen der Kunden?

Lösung C.5.2	Bild PW.C.5.(10)

Es sind allgemeine und spezielle Qualitätsanforderungen der Kunden zu unterscheiden. Zu den allgemeinen zählen u. a.:

➢ Gebrauchseigenschaften
➢ Leistungsfähigkeit
➢ Instandhaltbarkeit
➢ Umweltverträglichkeit

Zu den speziellen zählen u. a.:

➢ Leistungsverhalten
➢ Maßgenauigkeit
➢ Lebensdauer
➢ Farbtönung

Unter Gebrauchstauglichkeit ist die Eignung eines Produkts für einen bestimmten Verwendungszweck aufgrund von Gebrauchseigenschaften zu verstehen.

Zuverlässigkeit kennzeichnet die Gebrauchstauglichkeit eines Produkts bezogen auf einen Nutzungszeitraum unter Beachtung der Nutzungsbedingungen.

Bei der Qualitätslenkung steht die Prozessbeherrschung im Mittelpunkt. Sie erfasst Abweichungen erreichter Werte von den definierten Qualitätsanforderungen. Gegenstände, die Abweichungen verzeichnen, werden in die Prozesse zurückgeführt, die sie als fehlerhaften Output verließen, um erforderliche Nachbesserungen zu realisieren.

Es sind die strategische und die operative Qualitätslenkung zu unterscheiden. Die strategische Qualitätslenkung zielt auf zukünftige Realisierungsverbesserungen. Die operative Qualitätslenkung wirkt während der Realisierung eines Gegenstands auf die Tätigkeiten und Elementarfaktoren ein, so dass die zu erzeugende Beschaffenheit erreicht wird.

Aufgabe C.5.3	Techniken des Qualitätsmanagement

MA FIDL
QUM

Definieren Sie, was unter Techniken des Qualitätsmanagement zu verstehen ist. Systematisieren Sie diese Techniken, arbeiten Sie relevante Merkmale heraus und nennen Sie jeweils drei Beispiele.

Lösung C.5.3	Bild PW.C.5.(16)

Die Techniken des Qualitätsmanagement bestehen aus Methoden und Werkzeugen. Sie werden in Unternehmen eingesetzt, um vorhandene Qualitätsprobleme zu identifizieren und zu lösen. Mit ihnen kann auch Problemprävention betrieben werden.

Methoden des Qualitätsmanagement sind prozedural orientiert. Sie gewährleisten ein zielgerichtetes planmäßiges Vorgehen. Ihr Einsatz ist insbesondere auf Phasen der Produktentstehung lokalisiert. Damit sind präventive Wirkungen berücksichtigt.

Als wesentliche Methoden sind zu nennen:
- Quality Function Deployment (QFD)
- Fehlermöglichkeits- und Einflussanalyse (FMEA)
- Qualitätszirkel

Die Werkzeuge des Qualitätsmanagement sind instrumental orientiert. Sie unterstützen den Methodeneinsatz bei der Ursachenanalyse, Lösungsfindung und -realisierung. Sie visualisieren Zusammenhänge und Probleme und besitzen i. d. R. eine einfache Anwendung.

Es sind zu unterscheiden:
- Qualitätswerkzeuge
  - Ishikawa-Diagramm
- Managementwerkzeuge
  - Matrixdiagramm
- Kreativitätswerkzeuge
  - Brainstorming

Aufgabe C.5.4	Umweltmanagement

Definieren Sie den Begriff Umweltmanagement. Welche Rolle spielt der Umweltschutz im Rahmen des Umweltmanagement? Systematisieren Sie Umweltschutzmaßnahmen.

| MA FIDL |
| QUM |

Lösung C.5.4		Bild PW.C.5.(27)

Das Umweltmanagement ist Bestandteil des Management eines Unternehmens. Es gestaltet dispositive Prozesse zur Reduktion unerwünschter Umweltwirkungen in der gesamten Wertschöpfungskette.

Der Umweltschutz ist ein Komplex von realisierbaren Maßnahmen, die diese Zielstellung unterstützen. Er ist eine Querschnittsfunktion, die alle Bereiche des Wertschöpfungsprozesses betrifft. Alle Funktionalbereiche, Produkte und Prozesse werden dabei berührt.

Im Rahmen des Umweltschutzes lassen sich folgende Maßnahmenkomplexe unterscheiden:

➢ Additiver Umweltschutz
Zur Reduktion der Umweltbelastung wird ein zusätzliches technisches Verfahren hinzugefügt (z. B. Filter, Katalysator).

➢ Integrierter Umweltschutz
Um die Umweltbelastung zu reduzieren, wird das ursprünglich eingesetzte technische Verfahren so verändert, dass weniger Schadstoffe ausgestoßen werden oder dass weniger Elementarfaktoren als Input des Produktionsprozesses eingesetzt werden können. Damit steigt die Ergiebigkeit des Produktionsprozesses.

➢ Recycling
Das Recycling ermöglicht einen teilweisen Wiedereinsatz von Abfallstoffen in der Produktion. Damit werden zur Herstellung derselben Outputmenge an Erzeugnissen weniger Primärrohstoffe benötigt.

Der Umweltschutz verfolgt nicht das Ziel einer absoluten Vermeidung von Umweltbelastungen. Es geht um Umweltschonung durch Reduktion schädigender Einflüsse, aber auch um die Beseitigung bereits entstandener Schäden.

Aufgabe C.5.5	Umweltmanagementsystem

MA FIDL
QUM

Was ist unter einem Umweltmanagementsystem zu verstehen? Welche Anforderungen sind an ein Umweltmanagementsystem zu stellen?

Lösung C.5.5	Bilder PW.C.5.(34)/1 und 2, PW.C.5.(35)

Ein Umweltmanagementsystem ist auf der Grundlage von Normen und Regeln integraler Bestandteil des Managementsystems eines Unternehmens. Es implementiert in alle Funktionalbereiche und Hierarchieebenen die Ökologie als Komponente des Entscheidungsfindungsprozesses und bezieht alle Mitarbeiter ein.

Auf der Grundlage gesetzlicher Verordnungen werden Umweltziele sowie Werkzeuge und Methoden zu deren Realisierung definiert.

Durch einen dynamisch-zyklischen Prozess soll eine ständige Verbesserung der Umweltwirkung des Unternehmens erzeugt werden.

Folgende Anforderungen sind an ein Umweltmanagementsystem zu stellen:

➢ Allgemeine Anforderungen
- Einführung
- Dokumentation
- Aufrechterhaltung
- Ständige Verbesserung

➢ Umweltpolitik
- Rahmen für Umweltziele
- Absichten, Grundsätze
- Einhaltung gesetzlicher Forderungen

➢ Umweltplanung
- Umweltziele und -programme zu deren Verwirklichung (Verantwortlichkeiten, Mitteleinsatz, Zeitrahmen)
- Rechtliche Verpflichtungen

➢ Verwirklichung und Betrieb
- Personal
- Schulung, Sensibilisierung
- Kommunikation
- Dokumentation des Umweltmanagementsystems in einem Handbuch

➢ Überprüfung
- Informationserfassung zur Überwachung von Abläufen
- Verfahren zur Bewertung der rechtlichen Verpflichtungen
- Normenkonformität
- Auditierung

➢ Managementbewertung
- Zielerfüllung
- Ergebnisse von Audits
- Externe Meinungen

Aufgabe C.5.6	Recycling

Definieren Sie das grundsätzliche Ziel des Recycling. Was ist unter dem Begriff Wiederverwendung zu verstehen? Stellen Sie den dafür relevanten Recyclingkreislauf graphisch dar!

MA FIDL
QUM

Lösung C.5.6	Bilder PW.C.5.(38), PW.C.5.(42), PW.C.5.(44)

Das grundsätzliche Ziel des Recycling besteht darin, ein genutztes Produkt bzw. einen möglichst großen Anteil seiner Bestandteile am Ende seiner Nutzungsperiode einer erneuten Verwendung zuzuführen.

Die Wiederverwendung führt zu einer wiederholten Verwendung eines Produkts bzw. eines Produktbestandteils für den für die Erstverwendung vorgesehenen oder einen ähnlichen Zweck.

Es sind drei Recyclingkreisläufe zu unterscheiden. Der für die Wiederverwendung relevante Kreislauf ist der Kreislauf nach Produktgebrauch. Er ist in Bild PW.C.5.(44) des Lehrbuchs dargestellt.

www.ingramcontent.com/pod-product-compliance
Lightning Source LLC
Chambersburg PA
CBHW061815210326
41599CB00034B/7012